# 重庆市城市供水节水条例

## 释 义

谢礼国 主编

西南大学出版社

图书在版编目(CIP)数据

重庆市城市供水节水条例释义/谢礼国主编. -- 重庆：西南大学出版社,2024.3
ISBN 978-7-5697-2313-7

Ⅰ.①重… Ⅱ.①谢… Ⅲ.①城市供水-条例-法律解释-重庆②城市用水-节约用水-条例-法律解释-重庆 Ⅳ.①D927.719.218.15

中国国家版本馆CIP数据核字(2024)第020124号

## 重庆市城市供水节水条例释义
CHONGQING SHI CHENGSHI GONGSHUI JIESHUI TIAOLI SHIYI

谢礼国　主编

---

选题策划：段小佳
责任编辑：段小佳
责任校对：何思琴
装帧设计：观止堂_未氓
排　　版：夏　洁
出版发行：西南大学出版社(原西南师范大学出版社)
　　　　　网　　址：http://www.xdcbs.com
　　　　　地　　址：重庆市北碚区天生路2号
　　　　　邮　　编：400715
　　　　　电　　话：023-68868624
　　　　　经　　销：全国新华书店
印　　刷：重庆市圣立印刷有限公司
幅面尺寸：170 mm×230 mm
印　　张：11
字　　数：124千字
版　　次：2024年3月　第1版
印　　次：2024年3月　第1次印刷
书　　号：ISBN 978-7-5697-2313-7
定　　价：38.00元

# 编委会

主　　任：谢礼国
副 主 任：卢鹏飞　黄成洪　张淑钰　雷旭东
　　　　　林　立　李昌良
成　　员：游连生　彭冠英　黄　建　戴　欣
主　　编：谢礼国
副 主 编：卢鹏飞
参编人员：王　巍　张明建　徐　箐　周　辉
　　　　　余　欣　樊崇玲　孙红艳　冯　艺

# 前　言

2022年7月22日,《重庆市城市供水节水条例》(以下简称《条例》)经重庆市第五届人民代表大会常务委员会第三十五次会议审议通过,自2022年12月1日起施行。

城市供水节水是维护城市生产生活秩序正常运行的重要基础,是城市的生命线工程,直接关系到人民群众的生命健康和生活质量,关系到经济社会可持续发展。习近平总书记高度重视治水节水工作,多次就治水节水发表重要讲话,明确提出"民生为上,治水为要""节水优先、空间均衡、系统治理、两手发力"的总体思路,为新时代治水节水提供了根本遵循。《条例》包括总则、供水、二次供水、用水、节水、安全与应急管理、法律责任和附则,共八章五十八条。

《条例》的制定出台和颁布施行,是重庆市贯彻习近平生态文明思想,加强城市供水节水管理,提升城市品质的重要举措,是全市生态文明建设的一件大事,也是深入推进依法治市进程的重大制度举措,对于落实主体责任,全面提高城市供水节水法治化、科学化水平,推动广大市民自觉养成节约每一滴水的良好习惯,构建以法治为基础、政府主导、因地制宜的城市供水节水长效机制,加强全链条城市供水节水管理工作具有十分重要的意义。《条例》为规范全市供水节水工作进行了科学的制度设计,作出了强制性的规定,为全市城市供水节水工作高质量发展提供了法治保障和政策支撑。

为便于广大市民特别是城市供水节水从业者、研究者、爱好者快速准确把握《条例》的原意，我们组织行业专业人士编写释义，对每一条法律条文进行具体解读，确保条文释义始终紧跟法治进程，反映重庆市最新立法动态，体现条文本义内涵，便于读者精准掌握立法意图，轻松理解条文内容。

在编写过程中，得到重庆市人大环境与资源保护委员会、重庆市人大常委会法制工作委员会、重庆市司法局的大力支持，在此一并表示感谢。由于时间仓促、水平有限，书中难免有错谬疏漏等不足之处，敬请批评指正。

编者

2024年2月

# 目 录

## 第一章 总 则 ·············································································001
### 第一条 ·····················································································001
一、《条例》制定的目的 ·······················································001
二、《条例》制定的主要依据 ···············································002
三、《条例》制定的过程 ·······················································003
### 第二条 ·····················································································004
一、地域范围 ·······································································004
二、行业范围 ·······································································004
### 第三条 ·····················································································006
一、安全原则 ·······································································006
二、节约原则 ·······································································006
三、优质原则 ·······································································006
四、高效原则 ·······································································007
### 第四条 ·····················································································007
### 第五条 ·····················································································008
一、重庆市城市管理部门的职责 ·······································008
二、各区县（自治县）城市供水节水主管部门的职责 ····009
三、其他有关部门职责 ·······················································009
### 第六条 ·····················································································010
一、城市供水节水科学研究的重要意义 ···························010
二、城市供水节水科学研究的主要内容 ···························011

第七条 …………………………………………………………011
 一、政府职责 ………………………………………………012
 二、政府各部门职责 ………………………………………012
 三、新闻媒体及教育部门职责 ……………………………012

## 第二章　供　水 ……………………………………………013

第八条 …………………………………………………………013
 一、城市供水专项规划的划定 ……………………………013
 二、城市供水主管部门工作职责的明确 …………………014
 三、供水专项规划编制应当遵循的原则和要求 …………014

第九条 …………………………………………………………014
 一、应当制定城市供水节水年度建设计划 ………………015
 二、城市供水工程建设方案的报批 ………………………015

第十条 …………………………………………………………016
 一、公用事业特许经营权的定义与获取 …………………016
 二、城市供水企业特许经营权获取的基本原则 …………017

第十一条 ………………………………………………………017
 一、特许经营的公开义务 …………………………………018
 二、特许经营的公开内容 …………………………………018

第十二条 ………………………………………………………018
 一、特许经营权管理部门 …………………………………019

第十三条 ………………………………………………………019
 一、安全、稳定、不间断供水的含义 ……………………020
 二、供水水质标准 …………………………………………020
 三、供水水压的重要意义 …………………………………021
 四、供水水压标准 …………………………………………021

五、结算水表 ······················································· 022

　　六、建立经营服务信息公开制度 ····················· 022

　　七、建立查询专线和投诉处理机制 ····················· 022

　　八、法规规定的其他义务 ····································· 023

第十四条 ······························································· 023

　　一、制定依据 ······················································· 023

　　二、定期开展相关监督检查活动 ······················· 024

第十五条 ··································································· 024

第十六条 ··································································· 025

　　一、信息化建设 ··················································· 025

　　二、供水信息化系统接入 ··································· 026

　　三、供水设施定期检修制度 ······························· 026

第十七条 ··································································· 026

　　一、制定依据 ······················································· 027

　　二、供水水质检测制度 ······································· 027

　　三、供水水质检测结果的运用 ··························· 027

　　四、供水水质检查重点内容 ······························· 027

第十八条 ··································································· 028

　　一、城市供水工艺阶段各项水的含义 ··············· 028

　　二、建立健全水质检测和监督监测的相关规定 ········· 029

　　三、监督管理职责 ··············································· 029

第十九条 ··································································· 029

　　一、设置双回路供电的必要性 ··························· 030

　　二、双回路供电的工作要求 ······························· 030

　　三、定期协调制定计划停电工作制度 ··············· 030

第二十条 ··································································· 031

## 第三章　二次供水 ································································· 032

### 第二十一条 ········································································· 032
一、二次供水的含义 ································································· 032
二、二次供水的背景 ································································· 033
三、二次供水设施运行管理 ························································· 033
四、卫生管理要求 ···································································· 033

### 第二十二条 ········································································· 033
### 第二十三条 ········································································· 034
### 第二十四条 ········································································· 035
### 第二十五条 ········································································· 035
### 第二十六条 ········································································· 036

## 第四章　用　水 ····································································· 038

### 第二十七条 ········································································· 038
一、依法签订《城市供用水合同》 ················································· 038
二、城市供水服务新要求 ··························································· 039

### 第二十八条 ········································································· 039
一、连续稳定用水 ···································································· 040
二、水质保障 ········································································· 040
三、查询信息 ········································································· 040
四、建立畅通的投诉渠道 ··························································· 041

### 第二十九条 ········································································· 041
一、绕过结算水表取水或者采用其他方式盗用供水 ···························· 042
二、擅自在城市供水管网上直接装泵加压取水 ·································· 042
三、擅自向其他单位或者个人转供城市供水 ···································· 042
四、其他影响城市供水秩序的行为 ················································ 043

第三十条 ································································ 044

第三十一条 ······························································ 044

 一、制定依据 ······················································ 045

 二、供水价格 ······················································ 045

第三十二条 ······························································ 046

 一、一户一表制的重要意义 ········································ 046

 二、一户一表的位置设置规定 ······································ 047

 三、计量表 ·························································· 047

 四、城市绿化、环境卫生建立计量制度 ····························· 047

 五、消防供水设施实行专用制度 ···································· 048

第三十三条 ······························································ 048

## 第五章　节　水 ························································ 049

第三十四条 ······························································ 049

 一、节水型城市的概念 ············································· 049

 二、关于单位和个人的节约用水义务 ······························· 050

 三、计划用水与定额管理 ··········································· 050

第三十五条 ······························································ 051

第三十六条 ······························································ 052

 一、非常规水资源利用 ············································· 052

 二、节水"三同时"的规定 ·········································· 053

第三十七条 ······························································ 053

 一、用水定额 ······················································ 054

 二、高耗水行业节水管理 ··········································· 054

第三十八条 ······························································ 055

 一、重点用水人 ···················································· 055

二、重点用水人管理 ………………………………………055

　第三十九条 ……………………………………………………056
　　一、建设节水型单位、节水型居民小区的重要性 …………056
　　二、建设节水型单位、节水型居民小区的制度要求 ………057

　第四十条 ………………………………………………………057

　第四十一条 ……………………………………………………058
　　一、城市公共供水管网漏损 …………………………………059
　　二、城市供水主管部门加强公共供水管网漏损控制的要求 ……059
　　三、城市供水企业加强公共供水管网漏损控制的要求 ……060

# 第六章　安全与应急管理 ………………………………061

　第四十二条 ……………………………………………………061
　　一、建立健全安全管理制度的必要性 ………………………061
　　二、有关单位和个人应当支持和配合供水企业实施供水设施维护或抢修工作 ……………………………………………062

　第四十三条 ……………………………………………………062
　　一、加强饮用水源地管理 ……………………………………063
　　二、备用水源、应急水源 ……………………………………063

　第四十四条 ……………………………………………………064
　　一、城市供水应急预案 ………………………………………064
　　二、城市供水企业应急预案 …………………………………065
　　三、城市供水应急处置 ………………………………………065

　第四十五条 ……………………………………………………066
　　一、单位或者个人发现供水水质受污染或者不符合国家生活饮用水卫生标准的报告方式 …………………………………066
　　二、城市供水水质污染的处置方式 …………………………067

第四十六条 ········································································· 067

第四十七条 ········································································· 069

第四十八条 ········································································· 070

## 第七章　法律责任 ································································· 072

### 第四十九条 ······································································· 072

一、责令改正或者通报批评 ················································ 072

二、处分 ································································· 072

### 第五十条 ········································································· 073

一、行政处罚裁量权基准 ·················································· 073

二、关于"未经审查新建、改建、扩建城市供水工程"的处理层级 ··· 074

### 第五十一条 ······································································· 074

一、本条第一项、第四项的行政处罚裁量权基准 ···················· 075

二、本条第二项、第三项的行政处罚裁量权基准 ···················· 076

### 第五十二条 ······································································· 076

### 第五十三条 ······································································· 077

一、城市供水节水主管部门、卫生健康部门职责划分 ··············· 078

二、行政处罚裁量权基准 ·················································· 078

### 第五十四条 ······································································· 078

一、本条第一项、第二项的行政处罚裁量权基准 ···················· 079

二、本条第三项的行政处罚裁量权基准 ································ 079

### 第五十五条 ······································································· 080

一、"绕过结算水表取水或者采用其他方式盗用供水的"行政处罚裁量权基准 ································································· 080

二、"擅自在城市供水管网上直接装泵加压取水的"行政处罚裁量权基准 ································································· 081

三、"擅自向其他单位或者个人转供城市供水的"行政处罚裁量权
　　　　基准 ················································································ 081
　　第五十六条 ············································································· 082

## 第八章　附　则 ·········································································· 083
　　第五十七条 ············································································· 083
　　第五十八条 ············································································· 085

## 附　录 ······················································································ 086
　　重庆市人民代表大会常务委员会公告 ····································· 086
　　重庆市城市供水节水条例 ························································ 087
　　重庆市人民政府关于《重庆市城市供水节水条例（修订草案）》的说明
　　　 ···························································································· 105
　　重庆市人大城乡建设环境保护委员会关于《重庆市城市供水节水条例
（修订草案）》审议意见的报告 ····················································· 108
　　重庆市人大法制委员会关于《重庆市城市供水节水条例（草案）》审议结
果的报告 ······················································································ 116
　　重庆市人大法制委员会关于《重庆市城市供水节水条例（草案）》修改情
况的报告 ······················································································ 119
　　重庆市城市管理局关于印发学习宣传贯彻《重庆市城市供水节水条例》
实施方案的通知 ············································································ 121
　　重庆市城市管理局学习宣传贯彻《重庆市城市供水节水条例》实施方案
　　 ································································································ 122
　　重庆市城市管理局关于加强城市供水水质管理的指导意见 ········ 136
　　重庆市城市管理局关于进一步加强城市停水管理工作的通知 ····· 142

关于印发重庆市城市公共供水企业信息公开实施细则的通知 ………147

重庆市城市公共供水企业信息公开实施细则 ……………………148

关于印发重庆市进一步深化供水接入改革优化营商环境实施方案（试行）的通知 ……………………………………………………………153

重庆市进一步深化供水接入改革优化营商环境实施方案（试行）……154

# 第一章 总 则

> **第一条** 为了规范城市供水、用水,维护用水人和供水企业的合法权益,保障城市生活、生产用水和其他用水,建设节水型城市,推动高质量发展、创造高品质生活,根据《中华人民共和国水法》《城市供水条例》等法律、行政法规,结合本市实际,制定本条例。

【释义】

本条是关于《重庆市城市供水节水条例》(以下简称《条例》)制定的目的、意义的规定。

## 一、《条例》制定的目的

《条例》制定的目的是规范城市供水、用水,维护用水人和供水企业的合法权益,保障城市生活、生产用水和其他用水,建设节水型城市,推动高质量发展、创造高品质生活。

城市供水关系人民群众的切身利益,是城市的生命线工程,是重要的民生保障,更是维系经济社会发展的重要支撑。2014年3月14日,习近平总书记在中央财经领导小组第五次会议上对我国治水问题作出重

要论述,明确提出"节水优先、空间均衡、系统治理、两手发力"的治水方针。2019年4月,习近平总书记在考察重庆并主持召开解决"两不愁三保障"突出问题座谈会上指出,"饮水安全有保障主要是让农村人口喝上放心水,统筹研究解决饮水安全问题。……西北地区重点解决有水喝的问题,西南地区重点解决储水供水和水质达标问题"。国家深化"放管服"改革和优化营商环境也对城市供水节水工作提出了新的更高要求。

《中华人民共和国长江保护法》明确规定,长江流域县级以上地方人民政府应当加强节水型城市和节水型园区建设。近年来,国务院和我市相继取消、下放一批行政许可事项,在供水节水方面取消了城市规划区,新建、改建、扩建二次供水企业审查许可等行政许可事项,政府管理由重前置许可审批向重监管服务转变,这些改革举措的出台和实施要求《条例》作出相应修订。同时,随着我市经济社会的不断发展,城市供水节水工作面临不少新情况新问题。比如,供水规划和建设、特许经营、供水企业经营服务等全链条行为亟须完善;二次供水管理体制有待理顺,二次供水设施建设、维护和管理需要进一步规范;城市供水节水还存在价格机制不够完善、供水水质保障措施需要强化、节水工作有待加强等问题。这些问题,都需要根据在城市供水节水管理工作中探索总结的经验和做法,通过修订地方性法规的方式予以固化,更加有力地做好城市供水节水这项民生保障工作。

## 二、《条例》制定的主要依据

《条例》主要依据《中华人民共和国水法》《城市供水条例》等法律法

规,结合重庆市地方实际制定。此外,《条例》制定的依据还有《中华人民共和国民法典》《中华人民共和国长江保护法》《中华人民共和国传染病防治法》《中华人民共和国突发事件应对法》《中华人民共和国行政处罚法》《中华人民共和国行政强制法》《优化营商环境条例》等。

### 三、《条例》制定的过程

根据市人大常委会、市政府立法工作计划,市城市管理局负责开展《重庆市城市供水节水条例》立法起草工作。在对《中华人民共和国水法》《中华人民共和国长江保护法》《城市供水条例》等法律法规进行全面学习研究,对广州、厦门等城市供水节水管理立法和实践经验进行深入调查研究的基础上,结合重庆实际,市城市管理局确立了《条例》的基本思路和框架结构,开展了立法各项工作。

2021年12月,市城市管理局在深入调研、充分论证和广泛征求意见的基础上,完成了立法起草工作,形成《重庆市城市供水节水条例(草案)》,并提请市政府审议。市司法局按照立法程序和审查规范进行了全面审查:一是通过市政府网站公开征求了社会各界意见;二是书面征求了各区县政府、市政府各部门、相关行业协会、城市供水企业、重点用水人的意见;三是深入水厂、重点用水单位、居民小区进行实地调研,听取人民群众和相关企业意见;四是召开相关市级部门、区县政府和专家学者论证会。在审查论证过程中,共收到反馈意见建议159条,经认真梳理研究,采纳合理意见建议96条,各方意见已达成共识。在学习借鉴广州、厦门等地相关立法经验的基础上,经过反复研究和论证修改,并于2022年4月28日经市

第五届人民政府第180次常务会议审议通过后,形成了提请审议的《修订草案》。在反复研究、充分论证和修改完善的基础上,经2022年6月7日在市五届人大常委会第三十四次会议、2022年7月20日在市五届人大常委会第三十五次会议审议,于2022年7月22日重庆市第五届人民代表大会常务委员会第三十五次会议通过,自2022年12月1日起施行。

> **第二条** 本市行政区域内的城市供水用水节水及相关监督管理活动,适用本条例。

【释义】

本条是关于《条例》适用范围的规定,适用范围包括适用的地域范围和行业范围。

## 一、地域范围

《条例》适用于本市城市范围内,城市的边界可以城市规划区为参考。

## 二、行业范围

《条例》适用于城市供水、用水及节水相关领域。

(一)供水。包括城市公共供水和自建设施供水。城市公共供水,是指城市供水单位依托取水、输水、净水、配水设施等公共供水设施,向城市生活、生产及公共服务等提供用水。城市公共供水具有社会公益性,属于公共产品的范畴,公共产品不能靠市场竞争来提供,受非排他性、非竞争性、外部性、生产的规模性和自然的垄断性等因素限制。

自建设施供水,是指除城市供水单位以外的用水单位,以其自行建设的供水管道及其附属设施主要向本单位的生活、生产及服务等提供用水。企事业单位以其自行建设的供水管道及其附属设施向本单位以外提供生活和公共服务用水的,纳入城市公共供水范围实施统筹管理,其取水与用水应满足城市水资源的总体管控和行业节水的要求,依法取得取水许可和卫生许可,不得擅自对外供水。

(二)用水。《条例》充分体现以人民为中心的理念,重视重大民生问题,明确城市供水用水优先保障生活用水,统筹安排生产用水和其他用水,对于规范城市供水、节水、用水行为具有重要作用。《条例》明确了供水企业的行为规范,对供水规划和建设、特许经营、供水企业经营和服务、供水企业义务等进行规定,从制度设计上保障供好水,确保城市供水水质安全,同时保障用水人知情权,完善服务制度。比如设置供水服务热线,二十四小时接受用水人咨询、求助及投诉;对水质信息进行公示;方便用水人查询用水业务办理等。《条例》规范了用水行为和用水人权利义务,从供用水合同签订方式、用水人权利、用水人义务、投诉处置、供水价格、用水计量、水费收取等方面进行了明确和细化,并通过明确法律责任的形式对违反规定的行为进行量化处罚,保障用水人的权益。

(三)节水。为落实国家节水行动要求,推动城市高质量和可持续发展,把节水放在优先位置,规范我市节水工作,《条例》将节水作为重要内容,通过节约用水计划、节水设施建设、高耗水行业用水定额管理、非常规

水利用、管网漏损控制等方面的规定,构建了科学全面的节水体系,对进一步提升城市生态宜居、安全韧性水平,创建国家节水型城市具有重要意义。

> **第三条** 本市城市供水用水应当遵循安全、节约、优质、高效的原则,优先保障生活用水,统筹安排生产用水和其他用水。

【释义】
本条是关于城市供水节水用水适用原则的规定。

### 一、安全原则

安全原则,即供水节水应以生命和财产安全为前提,保障城市供水系统的安全稳定、市民用水质量的安全可靠,集中体现了对城市和市民安全的保障价值。

### 二、节约原则

节约原则,即在供水用水过程中贯彻节约用水的理念,将节水放在优先位置,优化用水结构,强化科技支撑,加强政策引导,加大节水宣传力度,实现水资源的可持续利用。

### 三、优质原则

优质原则,即实现供水节水工作高质量发展,从社会需要出发,高标准推进供水节水工作。现阶段我国的主要矛盾是人民日益增长的美好生活需要和不平衡不充分的发展之间的矛盾,主要体现在城乡区域发展不平衡、居民生活水平不平衡、基本公共服务提供不平衡上。进入新发展阶段,城市供水节水工作更应体现对美好生活需要的满足,用优质供水为民生幸福"加码",用优质节水为绿水青山"增彩"。

### 四、高效原则

高效原则,即建立科学完备的供水节水体系,保障供水工作的高效率运转和节水工作的高效能推进。《条例》完善了供水规划和建设、特许经营、供水企业经营和服务等全链条行为规范;进一步理顺了二次供水管理体制,对二次供水设施建设、维护和管理进行了全面规范;规范了用水人权利义务,以及供水价格、计量和水费缴纳等内容,确保了供水节水工作的高效发展。

---

**第四条** 市、区县(自治县)人民政府应当将城市供水节水工作纳入国民经济和社会发展计划。

---

【释义】

本条是关于城市供水节水政策保障的规定。

习近平总书记强调,要深入开展节水型城市建设,使节约用水成为每个单位、每个家庭、每个人的自觉行动。节水型城市的创建,同样需要各级人民政府主导,将节水工作纳入经济社会发展总体布局。《城市供水条

例》第五条规定,"县级以上人民政府应当将发展城市供水事业纳入国民经济和社会发展计划",强调了市、区县(自治县)人民政府在城市供水节水工作中的主导作用。

> **第五条** 市城市管理部门是本市城市供水节水主管部门,负责本市行政区域内城市供水节水监督管理和指导工作。
>
> 区县(自治县)城市供水节水主管部门负责本行政区域内城市供水节水监督管理工作。
>
> 发展改革、经济信息、规划自然资源、住房城乡建设、生态环境、水利、卫生健康、市场监管、应急管理等有关部门,按照各自职责分工开展城市供水节水相关工作。

【释义】

本条是关于城市供水节水工作管理职责主体的规定。

## 一、重庆市城市管理部门的职责

重庆市城市管理部门负责全市城市供水节水监督管理和指导工作。

(一)贯彻执行国家有关城市供水节水管理的法律、法规、规章和政策文件,牵头起草城市供水节水方面的地方性法规、政府规章、行政规范性文件和有关政策并组织实施,统筹城市供水节水领域重大事项,拟定全市城市供水节水发展规划、计划并组织实施,牵头创建国家级节水型城市工作,组织创建市级节水型城市工作。

(二)负责城市供水节水管理行业规范、技术标准体系建设;负责城市供水节水管理工作的组织协调、监督检查和考核评价。

(三)负责主城区供水工程建设方案审查。

(四)负责全市城市供水企业的行业管理工作,负责城市供水企业的业务指导和监督管理。

(五)承担城市供水方面市直管设施及跨区域的各项行政处罚及相应的行政强制;指导监督区县(自治县)城市供水执法工作。

## 二、各区县(自治县)城市供水节水主管部门的职责

各区县(自治县)政府承担本行政区域内城市供水节水主体责任,城市供水节水主管部门负责本行政区域内城市供水节水管理工作。

(一)贯彻执行城市供水节水管理法律、法规、规章和政策文件,贯彻执行城市供水节水管理地方标准和技术规范。统筹城市供水资源配置,结合本行政区域实际拟定城市供水节水管理政策文件。贯彻执行全市供水节水发展规划,拟定本区县(自治县)供水节水发展规划并组织实施,牵头创建市级节水型城市。

(二)负责本区县(自治县)供水工程建设方案审查。

(三)负责本区县(自治县)城市供水企业的业务指导和监督管理。

(四)承担本区县(自治县)城市供水方面的执法工作。

## 三、其他有关部门职责

发展改革部门:综合协调将发展城市供水事业纳入国民经济和社会

发展计划,协助开展城市供水特许经营权工作,指导水价调控工作。

规划自然资源部门:综合协调供水专项规划。

住房城乡建设部门:指导监督建设单位对供水水压要求超过规定水压标准的建筑物配套建设二次供水设施。

生态环境部门:负责饮用水源地水质保护与监管,定期检测并向社会公开饮用水源地水质信息。

水利部门:负责原水的保护与监督管理工作,统筹饮用水源建设。

卫生健康部门:负责颁发供水相关卫生许可证,组织供水从业人员定期体检、开展卫生知识培训,定期对供水企业开展相关卫生监督检查活动。

> **第六条** 市、区县(自治县)人民政府及其有关部门应当推进城市供水节水事业科技进步,鼓励供水节水科学技术研究,推广先进技术,提高城市供水节水智能化、信息化水平。

【释义】

本条是关于城市供水节水科学研究的具体规定。

## 一、城市供水节水科学研究的重要意义

国家高度重视科学技术在城市供水节水工作中的重要作用。《中华人民共和国水法》第十条规定:"国家鼓励和支持开发、利用、节约、保护、管

理水资源和防治水害的先进科学技术的研究、推广和应用。"《城市供水条例》第六条规定:"国家实行有利于城市供水事业发展的政策,鼓励城市供水科学技术研究,推广先进技术,提高城市供水的现代化水平。"安全、节约、优质、高效的供水系统和节水体系离不开科学技术的支撑,先进的科学技术推动供水节水生产方式、生活方式和思维方式的转变,促进城市供水节水管理工作的高质量发展。

### 二、城市供水节水科学研究的主要内容

城市供水节水科学研究包含供水节水设施建设、供水管网布局及管理、水质检测与管理、供水相关政务服务、城市水资源分配、供水价格制定等方面。

---

**第七条** 本市各级人民政府和有关部门应当加强节水宣传。

新闻媒体及社会组织应当开展节水宣传工作,增强全社会节水意识,营造节约用水良好氛围。

教育部门应当将节约用水知识纳入学校教育内容,培养学生节水的意识。

---

【释义】

本条是关于节水宣传工作的规定。

## 一、政府职责

本市各级人民政府应当加强节水宣传。

## 二、政府各部门职责

市、区县（自治县）人民政府和发展改革、经济信息、规划自然资源、住房城乡建设、生态环境、水利、卫生健康、市场监管、应急管理等有关部门应当制订节水宣传计划，组织开展全国城市节水宣传周活动以及日常的节水宣传教育，通过多渠道、全方位、多角度普及节水知识，让人民群众充分了解节水重要性，增强节水自觉性。

## 三、新闻媒体及教育部门职责

新闻媒体及社会组织应当开展节水用水宣传工作，注重面向公众的舆论引导，利用传统媒体、新媒体等渠道开展宣传教育活动，增强全社会的节水意识。

教育部门应当将节约用水知识纳入学校教育内容，通过组织节水进校园主题宣传教育活动，将节水理念带进校园，提高学生节约用水的意识。

# 第二章　供　水

> **第八条**　市城市供水节水主管部门应当结合本市经济社会发展需要,按照统一规划、合理布局的原则,编制中心城区供水专项规划,经市规划自然资源部门综合平衡后报市人民政府批准,并纳入国土空间规划。
>
> 　　中心城区以外的区县(自治县)城市供水节水主管部门负责编制本行政区域城市供水专项规划,经区县(自治县)规划自然资源部门综合平衡后报区县(自治县)人民政府批准,并纳入区县(自治县)国土空间规划。

【释义】

本条是关于编制城市供水专项规划的规定。

## 一、城市供水专项规划的划定

城市供水专项规划是城市规划的重要组成部分,已分别纳入国家和市级层面国民经济和社会发展及国土空间规划,以确保供水专项规划有效实施。

由于中心城区取水口受环境约束和整体资源供应的综合协调控制,

为提高中心城区供水的集约性、有效性，本条例对中心城区供水专项规划编制进行了统筹规划。

## 二、城市供水主管部门工作职责的明确

自2016年以来，中心城区供水专项规划严格按照以上程序进行了编制和实施，为近年中心城区供水规模化发展、集约化经营及城市环境的友好可持续发展提供了有效保障，从根本上改变了过去供水专项规划的随意性和不可持续性。为了确保城市供水事业高质量发展，供水设施的建设和改造需要城市供水主管部门进行中长期统筹，与相关规划做好衔接，并纳入国民经济和社会发展及国土空间规划，报本级人民政府批准，城市供水规划一经批准公布，应当严格执行。因经济社会发展确需修改的，应当按照原编制和审批程序报送审批。

## 三、供水专项规划编制应当遵循的原则和要求

一是明确规划背景、目标任务、内容与要求，主要是规划期内人口数量及经济结构发展情况；二是依据水资源状况和人均综合用水定额情况，结合国家对该地区用水量的控制要求，提出规划范围内的用水规模及供水设施的建设规模、类型及相关建设标准要求；三是城市供水规划范围一般应与供水企业特许经营权范围相适应。

**第九条** 城市供水节水主管部门应当根据城市供水专项规划制定年度建设计划。新建、改建、扩建城市供水工程应当

> 符合城市供水专项规划及年度建设计划。
>
> 中心城区及跨区域的城市供水工程建设方案应当经市城市供水节水主管部门审查,按照建设程序批准后分级实施。
>
> 中心城区以外的城市供水工程建设方案应当经所在地区县(自治县)城市供水节水主管部门审查,按照建设程序批准后实施。

【释义】

本条是关于城市供水工程建设计划及方案审查的规定。

### 一、应当制订城市供水节水年度建设计划

城市供水节水主管部门应当根据城市供水专项规划编制年度建设计划。城市供水企业要按年度建设计划推进设施建设,确保计划有序实施。

### 二、城市供水工程建设方案的报批

为保证工程建设的统一性和一致性,中心城区及跨区域的城市供水工程建设方案应当经市城市供水节水主管部门按照城市供水专项规划进行审查,并按照建设程序批准后分级实施。

中心城区以外的区县(自治县)同时存在两个及以上供水企业的,为确保供水工程满足供水专项规划要求,应统一各方的建设意见,防止短期行为。中心城区以外的城市供水工程建设方案应当经所在地区县(自治县)城市供水节水主管部门审查,按照建设程序批准后实施。

> **第十条** 市、区县（自治县）人民政府依法采用特许经营的方式确定城市供水企业。获得特许经营权的城市供水企业应当与城市供水节水主管部门签订特许经营协议，提供城市供水产品和服务。
>
> 本市鼓励社会资本参与城市供水基础设施的建设和运营。

【释义】

本条是关于公用事业单位落实国家公用事业特许经营权的规定。

## 一、公用事业特许经营权的定义与获取

2023年11月28日，为规范实施政府和社会资本合作新机制，国家发展改革委对《基础设施和公用事业特许经营管理办法》（国家发展改革委、财政部、住房城乡建设部、交通运输部、水利部、中国人民银行第25号令）进行了修订，形成《基础设施和公用事业特许经营管理办法（修订征求意见稿）》。在征求意见稿中对公用事业特许经营权做了如下定义：

基础设施和公用事业特许经营，是指政府采用公开竞争方式依法选择中华人民共和国境内外的法人或者其他组织作为特许经营者，通过协议明确权利义务和风险分担，约定其在一定期限和范围内投资建设运营基础设施和公用事业并获得收益，提供公共产品或者公共服务。商业特许经营以及不涉及产权移交环节的公建民营、公办民营等，不属于本办法所称基础设施和公用事业特许经营。

## 二、城市供水企业特许经营权获取的基本原则

基础设施和公用事业特许经营是基于使用者付费的政府和社会资本合作(PPP)模式,政府就项目投资建设运营与社会资本开展合作,不新设行政许可。特许经营者获得协议约定期限内对特定基础设施和公用事业项目进行投资建设运营并取得收益的排他性权利,同时应当按照协议约定提供符合质量效率要求的公共产品或者公共服务,并依法接受监督管理。政府鼓励并支持特许经营者提升效率、降低成本,增进社会公众福祉,禁止无法律法规依据擅自增设行政许可事项以及以此为由向特许经营者收费、增加公共产品或者公共服务成本等行为。

为加快落实国务院《国家新型城镇化规划(2014—2020年)》要求,创新新型城镇化建设的资金保障机制,鼓励社会资本参与城市供水基础设施建设和运营。社会投资主体相对大型国有供水企业在供水事业投资中处于弱势地位。城市供水主管部门应当在城市供水特许经营权获取、供区划定等方面加大对社会投资者的保护力度,真正实现对社会资本参与城市供水基础设施建设和运营的鼓励与保护。

**第十一条** 采用特许经营的,市、区县(自治县)城市供水节水主管部门应当将特许经营项目实施方案、特许经营者、特许经营协议、项目建设运营、公共服务标准等有关信息按规定向社会公开。

> 获得特许经营权的城市供水企业应当公开有关会计数据、财务核算和其他有关财务指标,并依法接受年度财务审计。

**【释义】**

本条是关于具有特许经营权企业应当履行有关义务的规定。

### 一、特许经营的公开义务

按照《城镇供水价格管理办法》《城镇供水定价成本监审办法》的相关规定,城市供水企业(包括获取特许经营权的供水企业)都应当按规定向社会公开公告供水企业的经营情况、财务状况并依法开展或接受财务审计。

### 二、特许经营的公开内容

城市供水主管部门在与城市供水企业签订特许经营协议时,应将需要履行的特许经营权内容及要求,在经营者违约条款公开内容中进行明确规定。

> **第十二条** 市城市供水节水主管部门负责中心城区及跨区域城市供水特许经营管理。
>
> 中心城区以外的区县(自治县)城市供水节水主管部门负责本行政区域内城市供水特许经营管理。

**【释义】**

本条是关于我市城市供水特许经营权管理部门的规定。

一、特许经营权管理部门

本条明确了不同区域城市供水的特许经营管理部门,明确了跨区域城市供水的特许经营权管理部门。

二、特许经营权合同需重新签订

本《条例》实施后,此前由政府其他部门通过各种方式与供水企业授权或签订的特许经营权合同,在原条款相对不变的情况下,应当重新签订,并按照本条例的相关规定进行补充完善(包括退出机制)。各供水企业与城市供水管理部门重新签订特许经营权合同,涉及资本上市的供水企业应及时披露相关情况。

## 一、特许经营权管理部门

本条明确了不同区域城市供水特许经营的管理部门。

---

**第十三条** 城市供水企业应当履行下列义务:

(一)保障安全、稳定、不间断供水;

(二)供水水质符合国家生活饮用水卫生标准;

(三)按照规定设置供水管网测压点,确保供水水压符合规定的标准;

(四)安装的结算水表符合国家计量规定,并定期检定、维修和更换;

(五)建立经营服务信息公开制度,公开水价政策、收费标准等相关信息;

(六)建立查询专线和投诉处理机制,及时答复、处理用水人反映的供水问题;

(七)法律法规规定的其他义务。

**【释义】**

本条是对我市城市供水企业履行义务的规定。

## 一、安全、稳定、不间断供水的含义

安全供水主要指城市供水企业的供水水质应符合国家《生活饮用水卫生标准》。

稳定供水指供水须保证持续稳定,符合《城镇供水服务》的相关要求。一般情况下,要有稳定可靠的原水水源、成熟的工艺和良好的制水输水设备。

不间断供水是指供水企业须保证除计划性或突发性事故停水以外的持续性供水。这里的突发性事故停水是指非供水企业主观因素(未主动做好预防和保护措施)造成的停水事故。

## 二、供水水质标准

该款要求城市供水企业的供水水质必须符合当前国家《生活饮用水卫生标准》。在工作层面要求供水企业严格按照《生活饮用水卫生监督管理办法》相关规定生产出符合标准的生活饮用水,以确保正常生产生活秩序。

### 三、供水水压的重要意义

供水水压不仅直接关系到城市供水能否正常运行,同时还关系到供水成本与用水人费用支付的问题,也关系到用水设施的使用状态好坏,同时与供水的连续性也存在着密切联系。因此,供水水压也是供水服务质量的重要指标,与供水"水质、水量和水价"同时构成城市供水企业向社会提供服务的最基本要素。

### 四、供水水压标准

在具体实际工作中,要求城市供水企业的市政供水管道末端压力不低于0.14兆帕,通常可保障居民住宅四层以下的用水需求。超过一次供水压力范围的居民供水,需要通过加压的方式实施二次供水。

由于我市城市供水大多处于山地区域,城市供水应充分利用自然压力或管道本身的输送压力,若供水管道压力超过一次住宅供水的压力,应保持一次供水方式向更高楼层进行供水。当入户水压高于0.35兆帕时,城市供水企业应当通过减压措施将供水压力控制在规定的范围。

根据《城镇供水服务》要求,城市供水企业应当按照供水用户人数及面积设定供水压力监测点并定期进行公告。不仅要公告最低压力要求标准,还应当公告最高水压限制要求。低于最低压力要求或者超过最高水压限制要求,给用水人带来损失的,城市供水企业应当承担相应的法律责任和经济责任。

### 五、结算水表

结算水表是供水人与用水人公平交易的计量基础,按照《中华人民共和国计量法》相关规定,供水企业应当定期检定、维修和更换计量表。

### 六、建立经营服务信息公开制度

城市供水企业作为公用事业服务企业,代表政府向社会提供公共服务。公共服务质量的好坏直接关系社会生产和人民群众的身体健康。保证用水费用处于人民生活可承担的范围,也是衡量城市供水企业代表政府提供公共服务质量的依据。为了保障供水服务质量,提供安全、健康、持续稳定的供水,需要对城市供水企业进行监督。城市供水企业必须定期公开经营服务信息,公开水价政策、收费标准等相关信息,让用户明白消费,不断提高供水服务质量,同时也提升城市供水企业和政府的透明度,让用户放心使用,有效化解供水用水矛盾。

### 七、建立查询专线和投诉处理机制

建立查询专线和投诉处理机制是为了确保供水服务中出现了问题能够得到及时关注和解决。

各供水企业、各级供水管理部门应当设置用水查询和投诉专线,并纳入责任目标落实情况予以考核。

以前,各区县供水企业和供水管理部门虽然也单独设置了查询和投诉专线,但相对独立,不能完全发挥监督和制约作用,有些问题始终难以解决。按照行业主管责任的要求,市级供水主管部门应牵头区县供水管理部门及供水企业建设查询投诉处理综合考核机制。并通过有效的方式进行公告,让用户知晓、明白,确保用户能查询,有事可反映,投诉能够及时得到处理。

### 八、法规规定的其他义务

由于本条例属于地方性法规,在本地区社会发展的过程中难以穷尽城市供水事务活动的所有情况,随着国家法治建设的进一步推进,政府赋予城市供水企业的义务将会发生相应变化。因此,对于在本条例未涉及或未修改完善的地方,按照人民群众和国家发展的现实需要,本条规定了从属其他法律法规规定的义务。

---

**第十四条** 城市供水企业生产运营前应当取得卫生健康部门颁发的卫生许可证。

从事制水、水质检验等直接供水、管水工作的人员应当取得体检合格证、经卫生知识培训后方可上岗,并每年进行一次健康检查。有碍饮用水卫生的疾病患者、病原携带者不得直接从事以上工作。

---

【释义】

本条是关于城市供水卫生行政许可的规定。

### 一、制定依据

本条是依据《中华人民共和国传染病防治法》和住建部、国家卫健委出台的《生活饮用水卫生监督管理办法》等相关规定制定的,其目的是确保供水水质不受相关传染病及不规范的生产操作行为影响。

**二、定期开展相关监督检查活动**

在面对具体工作时,除城市供水企业自身应当坚持相关规定外,卫生健康部门和城市供水主管部门应当按照相关规定对供水企业定期开展相关监督检查活动,检查城市供水企业的制度建立落实和公示情况,并做好相应的登记记录工作,在监督检查中发现的问题应督促其整改,对整改不到位的应当进行相应的处罚。

> **第十五条** 城市供水企业应当为用水人建立方便、快捷的服务系统,并与政务服务平台相连接,主动公开办事指南、材料清单、承诺时限信息,提供咨询、指导、协调等便民服务,优化服务流程,提高服务质量。
>
> 城市供水接入实行一网通办,依托政务服务平台,推动线上、线下服务融合。

**【释义】**

本条是关于公共供水企业提供便捷、优质服务的规定。

本条是对第十三条第(五)、(六)款的补充和延伸,目的是进一步提高供水服务质量。

需要对供水企业强调的是,在不断提高线上服务水平的同时,应当保留针对线下出行有障碍、线上操作有困难的特殊人群的上门服务渠道,基本保持线上线下服务项目一致,服务质量同等。

**第十六条** 城市供水企业应当建立供水设施、水质、水压以及用水人等供水、用水信息库,通过科学布置监测点、智能化管理和大数据分析等措施,及时监控供水设施、水质、水量、水压等动态运行信息。

城市供水企业应当按照规定将供水、用水信息库中的信息和数据,接入城市供水节水主管部门的管理信息系统,强化信息应用服务。

城市供水企业应当对供水设施定期进行检修、清洗和消毒,确保其正常、安全运行。

【释义】
本条是关于供水服务企业提升信息服务水平的规定。

## 一、信息化建设

本条是以科学技术为支撑,通过培养、发展以计算机为主的供水智能化工具,建立健全城市供水信息管理系统,实现对原水的取水量、水质以及供水量、水质、水压的监测与预警,造福于供水事业,促进供水服务水平的迭代发展。

## 二、供水信息化系统接入

第二款要求城市供水企业将建设的供水信息化系统接入城市供水主管部门，以解决城市供水企业信息孤岛难题，使其发挥行业大数据的整体效益作用。

## 三、供水设施定期检修制度

第三款为时刻保证供水设施处于良好的运行状态，要求城市供水企业建立定期的设备检查、检修制度以确保其安全运行。

> **第十七条** 城市供水企业应当建立健全水质检测制度，加强水质检测能力建设，按照国家和本市规定的检测项目、频次、方法和标准，对原水、出厂水、管网水、管网末梢水进行水质检测，确保供水水质符合国家生活饮用水卫生标准。
>
> 城市供水企业应当将水质检测结果报送城市供水节水主管部门、卫生健康部门。
>
> 城市供水企业应当按照规定公布水质信息，接受公众的查询与监督。

【释义】

本条是关于供水企业供水水质检测制度的建设及检测的有关规定。

## 一、制定依据

本条是根据《中华人民共和国传染病防治法》和住建部、国家卫健委出台的《生活饮用水卫生监督管理办法》要求制定的。

## 二、供水水质检测制度

我市供水水质检测主要采用的是企业自检、行业管理部门抽检、卫生健康部门监督检查许可的三级监督检测制度。有关水质检测项目、频次、方法和标准按照《生活饮用水卫生监督管理办法》规定的要求执行。同时我市供水行业也建立了以国家水质监测网重庆监测站为主、地方水质监测站为辅的水质监测网络,有序开展供水水质检测。

## 三、供水水质检测结果的运用

一是向当地用水户进行公示,主动让用水户知晓水质状况,督促市供水企业保障供水水质;二是用于城市供水主管部门和卫生健康部门对供水企业检查,以监督城市供水企业落实供水生产,确保水质符合国家标准的要求。

## 四、供水水质检查重点内容

面对具体工作时,各区县(自治县)城市供水主管部门和卫生健康部门对水质检查主要把握以下内容:一是查看城市供水企业购买和使用的相关药剂是否经过卫生健康部门批准并符合食品的要求,卫生健康岗位人员持有效证件上岗的登记情况;二是按照供水工艺要求进行定点、定时、定量的加注,并对原水发生变化时的药剂调整使用情况做登记记录;

三是对供水设施、滤料的定期检修、清洗和更换制度的制定与规定,及实施情况的登记记录的检查;四是检查出具检测报告的检测单位资质、检测时间、检测内容与标准值的对比情况;五是对不合格指标形成的原因及影响等情况的分析检查。

> **第十八条** 城市供水节水主管部门应当对原水、出厂水、管网水、管网末梢水的水质加强监督管理。区县(自治县)城市供水节水主管部门应当定期对本行政区域内城市供水水质实施检测,市城市供水节水主管部门应当对全市的城市供水水质进行抽查。抽查和检测结果应当向社会公布。
>
> 卫生健康部门负责开展饮用水卫生监督监测工作,发现饮用水污染危及人体健康的,应当立即采取应急措施,并会同城市供水节水主管部门报本级人民政府批准停止供水。

**【释义】**

本条是关于行业主管部门、卫生健康部门水质监管的有关规定。

## 一、城市供水工艺阶段各项水的含义

1.城市供水是指负责城市供水的单位依托取水、输水、净水、配水设施等公共供水设施以及共有供水设施,向城市生活、生产及公共服务等提供用水。

2.原水是指从江河湖泊、水库等水源保护区取水用于城市供水企业制水的原水部分。

3.出厂水是指城市供水原水经过处理工艺流程后即将进入输配水管道系统的水。

4.管网水是指城市供水向用户输配水管道系统中的水。

5.管网末端水是指输配水管道系统中最远端的水。

## 二、建立健全水质检测和监督监测的相关规定

城市供水单位(含城市二次供水单位)应当建立健全水质检测队伍和检测制度,提高水质检测能力;按照国家规定的检测项目、检测频率和有关标准、方法,定期检测原水、出厂水和管网水的水质,并按照规定实施公告。城市供水管理部门及供水单位的水质检测仅是对本管辖范围内及单位供水质量是否符合国家《生活饮用水卫生标准》生产、输送的标准进行生产和销售前把控,其是否符合最终销售的要求应当以城市供水卫生监督管理部门的监测结果作为最终判定依据。

## 三、监督管理职责

第二款明确了我市卫生监督管理部门对市城市供水水质的监督管理职责。发生供水水质不合格事件时,制定了决定停止供水的报批程序。

**第十九条** 城市供水企业的生产用电应当设置双电源或者双回路。

> 供电企业应当确保供电,确需中止供电的,应当按照规定通知城市供水企业。

**【释义】**

本条是关于供水企业电力来源及建设使用要求的规定。

### 一、设置双回路供电的必要性

水源和电力保障是城市供水的两个决定因素,没有电力的持续供应,城市供水将难以进行。为保障供水企业的正常生产,确保城市供水的连续性,依据《城市给水工程规划规范》的要求,城市供水企业应当设置双回路供电。

### 二、双回路供电的工作要求

双回路供电是指供水企业的电力来源应建设两个及以上的线路来源,以随时保证一线路发生停电等故障时,另一路供电线路可及时切换供电来保证供水企业向用户持续供水的需求。

同时,双回路电源中的一个电源需停电时,供电企业应当通知供水企业及时切换另一组电源,以保障供水的连续性。

### 三、定期协调制订计划停电工作制度

在面对具体工作时,各区县(自治县)城市供水管理部门应牵头供水与供电部门定期协调制订计划停电工作制度,以便于及时切换供电回路。

**第二十条** 城市供水企业因工程施工、设备维修等原因确需停止供水的,应当经城市供水节水主管部门批准并提前二十四小时通知用水人。因发生灾害或者紧急事故不能提前通知的,应当在抢修的同时通知用水人,尽快恢复正常供水,并报告城市供水节水主管部门。超过二十四小时仍不能恢复供水的,城市供水节水主管部门应当组织应急供水,保证居民基本生活用水。

## 【释义】

本条是关于停水管理的有关规定。

在面对具体工作时需注意:一是地方城市供水管理部门和供水企业是否建立了计划性停水报告制度;二是城市供水企业是否建立了应急供水调度协调机制,保障停水时的应急供水需求;三是地方城市供水管理部门应当组织城市供水企业和市政、环卫、应急等社会力量,对长时间停水而应急供水能力又不能保障的供水区域,实施有效的应急保障供水。

## 第三章　二次供水

> **第二十一条**　新建、改建、扩建的建筑物对供水水压要求超过规定水压标准的,建设单位应当配套建设二次供水设施,并与主体工程同时设计、同时施工、同时投入使用。
>
> 　　鼓励建设单位将居民小区的二次供水设施委托城市供水企业统一建设。
>
> 　　二次供水设施经验收并取得卫生健康部门颁发的卫生许可证后,方可投入使用。

【释义】

本条是关于城市二次供水设施建设、移交、使用要求的一般规定。

### 一、二次供水的含义

二次供水是指城市二次供水,是因城市供水企业一次供水压力达不到《城镇供水服务》的要求时,房屋建设单位在用水户入户之前通过集中式再度储存、加压和消毒或者深度处理,再通过供水管道或者容器输送给用水人的供水方式。

## 二、二次供水的背景

城市居民二次供水是因城镇供水设施发展暂不能满足城镇化发展进程要求时期的产物,随着我国国民经济发展水平的不断提高,城市居民住宅高层建筑的大幅增加,二次供水已逐渐成为城市公共供水的组成部分。将居民二次供水加压调蓄设施的建设和管理移交至专业的供水企业,已成为社会管理和发展的必然,也是公共供水企业完全履行供水职责的时代要求。

## 三、二次供水设施运行管理

按照国务院《关于清理规范城镇供水供电供气供暖行业收费促进行业高质量发展的意见》要求,居民二次供水建设目前仍然属于建设单位红线内的建设项目,并鼓励建设单位按照相关标准建设完成验收后移交供水企业管理。同时依据《城镇供水价格管理办法》的相关规定,已移交供水企业管理的二次供水设施运行费用应当纳入城镇供水价格管理目录中实行统一核算和定价管理。

## 四、卫生管理要求

第三款明确了二次供水的卫生管理要求。

> **第二十二条** 居民小区新建、改造的二次供水设施经验收后,应当交由城市供水企业进行维护管理。鼓励居民小区将现有的二次供水设施委托城市供水企业进行维护管理。

居民小区现有二次供水设施不符合建设标准和卫生标准的,区县(自治县)人民政府应当及时组织相关部门、业主、物业服务企业、城市供水企业制定并实施更新改造计划。

【释义】

本条是关于要求和鼓励二次供水建设单位向供水企业移交使用二次供水设施的规定。

地方政府和二次供水单位应加快居民老旧小区一户一表及二次供水设施的改造工作,及时将二次供水设施移交至城市供水企业管理,确保城市供水水质的安全。

同时,鼓励二次供水建设单位将二次供水实施移交专业供水企业实施管理,以确保二次供水的安全。

**第二十三条** 二次供水设施维护管理单位应当采取安全保障措施,落实卫生管理制度,配备专职或者兼职卫生管理人员。直接从事供水、管水的人员应当符合本条例第十四条第二款的规定。

【释义】

本条是关于二次供水设施卫生监管的有关规定。

目前，一些二次供水管理单位因种种原因暂时满足不了改造移交的要求。为了确保供水水质的安全性，二次供水单位应当按照城市供水企业供水水质的基本要求实施管理。

> **第二十四条** 二次供水设施维护管理单位应当按照规范要求对设施、设备进行维护保养，确保二次供水设施正常供水。因设备维修等原因确需停止供水的，应当经所在地区县（自治县）城市供水节水主管部门批准，并提前二十四小时通知用水人；因发生灾害或者紧急事故不能提前通知的，应当在抢修的同时通知用水人，尽快恢复正常供水，并报告所在地区县（自治县）城市供水节水主管部门。

【释义】

本条是关于二次供水设施停水管理的有关规定。

二次供水相对于供水企业实施的大规模城市供水而言，规模和影响范围相对较小，容易被社会、用户和管理部门忽视，成为城市供水的难点。因此，本条特别提出二次供水作为城市供水的重要组成部分，应当按照城市供水停水的基本要求实施管理。

> **第二十五条** 二次供水设施维护管理单位应当建立水质管

> 理制度，加强水质管理，每半年进行不少于一次的水质检测和对各类储水设施的清洗消毒。不具备水质检测能力的，应当委托具有相应检测能力的机构进行。发现水质被污染或者不符合国家生活饮用水卫生标准时，应当立即通过清洗消毒等方式进行处理，确保二次供水水质符合国家生活饮用水卫生标准。
>
> 二次供水设施维护管理单位应当将水质检测结果报所在地区县（自治县）城市供水节水主管部门，并向用水人公开。

**【释义】**

本条是关于二次供水水质管理的有关规定。

需要说明的是二次供水的水质管理应当按照《生活饮用水卫生监督管理办法》的相关规定执行，二次供水设施的卫生标准应当按照《二次供水设施卫生规范》的相关规定执行。同时，二次供水水质检测报告应当按照城市供水水质检查报告的要求报送和公示。

> **第二十六条** 区县（自治县）城市供水节水主管部门应当建立二次供水设施维护管理、更新改造、水质检测公示等制度，对本行政区域内二次供水设施和水质进行定期检测。
>
> 区县（自治县）卫生健康部门对本行政区域内的二次供水，

> 每年应当按照相关规定进行水质监测,并将结果通报本级城市供水节水主管部门。发现饮用水污染危及人体健康必须停止使用的,卫生健康部门应当责令二次供水设施维护管理单位立即停止供水。

【释义】

本条是关于过去相对薄弱的二次供水设施及水质监测的一般规定。

由于过去各级管理部门对城市二次供水管理职责边界认识不明确,二次供水成为城市供水的一个难题。因此,本次《条例》修订中,对二次供水的管理,特别是水质管理,按照城市供水的基本要求做了进一步的强化规定。

# 第四章 用 水

> **第二十七条** 城市供水企业应当根据国家和本市规定的服务标准,按照不同用水性质与用水人依法签订《城市供用水合同》,明确双方权利义务和违约责任。
>
> 城市供水企业不得拒绝用水人合理的订立合同要求。

【释义】

本条是关于按照《中华人民共和国民法典》要求订立平等的合同关系以确保双方权利的规定。

## 一、依法签订《城市供用水合同》

《城市供用水合同》是供水人与用水人确立公平交易的基础,是确立双方权利与义务的法律基础性文件。由于城市供水企业提供的城市供水具有公共性产品的属性,其本身具有使用上的非竞争性和受益上的非排他性,一定程度上也构成了供水企业强势地位,无法防止供水企业利用强势地位支配市场行为的发生。依据《中华人民共和国民法典》的相关规定,《城市供用水合同》的订立不能单独以供水企业为主导,通常是政府的供水行业主管部门和市场监督管理部门共同制定出《城市供用水合同示范文本》来指导供水企业使用。

2017年,我市城市供水管理部门与市场监督管理部门依据《重庆市合同格式条款监督条例》的要求,已制定《重庆市供用水示范合同》,对我市城市供水秩序的管理起到了一定的积极作用。

《中华人民共和国民法典》颁布后,原《重庆市供用水示范合同》已不能完全满足其相关要求。城市供水主管部门在加快制订《重庆市城市供水服务标准》的同时,将尽快修订《重庆市供用水示范合同》,以推动我市及区县供水企业服务水平的进一步提升。

## 二、城市供水服务新要求

随着国家进一步加大优化营商环境改革力度,对城市供水服务提出了一些新的要求。如持续供水、特殊水质以及因供水人的责任给用水人带来的损害应当进行赔偿等要求,供水人在可行的条件下应当通过合同订立的方式加以满足。

> **第二十八条** 用水人享有下列权利:
>
> (一)连续稳定用水;
>
> (二)使用符合国家生活饮用水卫生标准的水;
>
> (三)查询用水业务办理、用水量、水质、水价和水费信息;
>
> (四)对供水服务有异议的,可以向城市供水企业、二次供水设施维护管理单位或者所在地区县(自治县)城市供水节水

主管部门及其他有关部门投诉；

（五）法律法规规定的其他权利。

**【释义】**

本条是关于用水人权利的规定。

**一、连续稳定用水**

连续稳定用水是指在除法定计划性停水或供水企业在不可预见的状态下导致供水设施损坏而引起停水的情形以外的常规供水状态。连续性稳定供水还应当满足《城镇供水服务》所规定的压力标准范围。

**二、水质保障**

供水水质是保证城市居民身体健康的主要因素。城市供水企业应根据原水的情况持续确保供水水质符合国家《生活饮用水卫生标准》的相关规定。这里的供水水质应包括城市供水企业的出厂水、输送的管网水和用户的龙头水。同时还应当包含二次供水维护管理单位负责的二次供水水质。

**三、查询信息**

用水人查询了解用水相关信息是用水人明白消费的基础，是建立平等合同关系的前提。

## 四、建立畅通的投诉渠道

城市供水企业代表政府向社会提供公共服务,若用水人对供水企业的供水服务质量有异议而在本级供水企业(含二次供水单位)难以解决的,上一级供水企业或各级供水管理部门应建立畅通的投诉渠道以保障用水人的正当权益。

---

**第二十九条** 用水人应当按照《城市供用水合同》,根据结算水表显示水量和价格主管部门确定的水价标准按时足额交纳水费。

任何单位和个人不得有以下行为:

(一)绕过结算水表取水或者采用其他方式盗用供水;

(二)擅自在城市供水管网上直接装泵加压取水;

(三)擅自向其他单位或者个人转供城市供水;

(四)其他影响城市供水秩序的行为。

---

【释义】

本条是关于用水人义务的规定。

结算水表计量是供水公平交易的基础。城市供水价格是国家价格法定目录管制的项目,城市供水是保障社会生产和人民生活秩序最基本的公共需求产品。

## 一、绕过结算水表取水或者采用其他方式盗用供水

绕过结算水表取水或者采用其他方式盗用供水的行为不仅是盗窃供水企业的财产,也是盗窃国家公共资源的犯罪行为,应当加以制止。

## 二、擅自在城市供水管网上直接装泵加压取水

由于城市供水管网的供应量和压力是按照城市规划范围内的需求量并由供水企业申请登记后进行配比输送的。擅自在供水管网上直接装泵加压取水势必破坏原供水管道水量水压的配比,影响原规划范围内用水人的正常用水,同时还会引起加装管道的回流而引发整个配水管网水质污染事件。

## 三、擅自向其他单位或者个人转供城市供水

(一)擅自转供城市供水的后果。

擅自向其他单位或者个人转供城市供水将导致以下几种情况的发生:一是将影响管网配水水量和压力的变化;二是可能改变用水性质的分类而侵占国家公共资源,侵害供水企业的财产。因此,在实际操作中,为降低公共管网重复建设的数量,提高供水管网的利用率,新的用水人应通过正常途径申请,取得合法用水权利。在取得城市供水企业和原用水人同意的情况下,城市供水企业可通过调整原公共管网的配水量和配水压力来满足新用水人的用水需求。按照国务院《关于清理规范城镇供水供电供气供暖行业收费促进行业高质量发展的意见》精神,在不增加供水设施的情况下,城市供水企业不应收取新用水人的相关建设费用。如果新用水人用水性质、分类方式发生变化,应当按照相应的分类价格收取水费

以保障正常的供水秩序。

（二）除当地供水企业管理以外的二次供水项目和直饮水项目管理责任。

二次供水单位尚未移交供水企业管理的项目，供水企业应与二次供水管理单位签订供应责任合同，并要求用水单位不得擅自改变用水性质。直饮水项目与高尔夫、洗车等项目属于高耗水项目，是通过消耗大量的公共水资源满足少部分高消费人群的消费需求，不具有公共供水的属性。直饮水项目的开发单位并不一定是当地的供水企业，难以落实供水管理责任。终端用户前期建设和后期消费投资较大，若项目经营管理出现问题，将扰乱当地的正常供水秩序，给地方政府带来风险。因此，不鼓励地方城市供水企业向直饮水项目开发单位进行管道直接连接、实施直接供水。

### 四、其他影响城市供水秩序的行为

其他影响城市供水秩序的行为是指当下暂时不能穷尽的情况，但可能导致影响城市供水秩序的行为。其中，包括自备水用水单位同时具有对外供热（含供冷）能力的，利用水为介质向外供热、供冷，除应按国家有关建筑节能、城市节水规定实施供应外，同时应服从城市供水、供热部门的管理。自备水用水单位不得以供热、供冷的名义对外实施供水，扰乱城市供水市场。

> **第三十条** 城市供水企业应当建立投诉处理机制,设置供水服务热线,二十四小时接受用水人咨询、求助及投诉,并与政务服务热线联动;受理用水人咨询与投诉后应当在两小时内作出答复,并在五个工作日内处理完毕;对处理期限内不能解决的,应当向用水人说明原因,提出处理方案,并在承诺时限内处理完毕。

【释义】
本条是关于对供水服务保障体系提出相关要求的规定。

该条是针对第二十八条,从供水人方面要求保障用水人权利得到有效落实。此规定也从另一方面反映了城市供水企业在供用水关系地位上的主导作用和应尽的义务。

> **第三十一条** 城市供水价格根据使用性质实行分类水价,遵循覆盖成本、合理收益、节约用水、公平负担的原则,以成本监审为基础,实行政府定价。城市居民生活用水实行阶梯水价制度,城市非居民用水实行超定额累进加价制度。
>
> 价格主管部门制定或者调整供水价格,应当按照价格听证的有关规定开展听证,并及时向社会公开制定或者调整价格的决定。

【释义】

本条是关于城市供水根据用水性质进行分类计价原则及价格调整法定程序的规定。

## 一、制定依据

本条是依据国家发改委、住建部联合颁布的《城镇供水价格管理办法》《城镇供水定价成本监审办法》的规定制定的。

## 二、供水价格

其一,城市供水是一个集资源和能源消耗的规模化产业,地方供水管理部门规划和调整供水产业结构时,应综合衡量相互间的影响因素,尽可能减少成本对供水价格压力承受的影响,取消不符合国家《饮用水卫生标准》的小、散、乱供水生产企业,向符合国家《生活饮用水卫生标准》的集约化、规模化供水企业集中。

其二,进一步提高供水规范化管理水平,减少对地方政府财政和价格调整的依赖程度,不断提高供水企业的人水比例,避免供水服务质量水平低、供水价格高的企业长期存在。

其三,面对水资源的紧缺情况,扩大居民用水各阶梯水价、非居民超定额累进加价的覆盖范围,真正发挥价格对资源的调节作用,杜绝以水资源作为招商引资的优惠条件。

最后,地方供水价格的调整以及听证会的召开应当综合考量以上因素对价格的影响。

> **第三十二条** 城市供水实行一户一表制度,装表到户、计量到户、抄表到户、收费到户、服务到户。结算水表应当检定合格后安装,并依法使用。用水人或者城市供水企业对结算水表计量有异议的,可以委托相关机构对结算水表进行检验,检验费用由委托方支付,但结算水表经检验不合格的,检验费用由城市供水企业承担,并免费为用水人更换合格的结算水表。用水人发现结算水表损坏的,应当及时告知城市供水企业。
>
> 城市绿化、环境卫生等用水人应当与城市供水企业协商,在指定位置设置结算水表。
>
> 消防供水设施实行专用,因城市绿化、环境卫生、应急用水确需通过消防专用供水设施用水的,应当征得城市供水企业的同意,并报所在地区县(自治县)消防救援机构备案。

【释义】

本条是关于实施城市供水"一户一表"相关要求的规定。

## 一、一户一表制的重要意义

城市供水实行一户一表制是落实和明确供水人与用水人责任的有效方式,是降低供水漏损最有效的手段,是供水公平负担的基础。地方人民政府与地方供水企业应当加大对老旧小区供水管网改造及一户一表的安装力度,不断降低城市供水管网漏损。

## 二、一户一表的位置设置规定

新建住宅应当按照房屋建筑规划规范标准设置专门的水表间进行安装。老旧房屋改造时应按用户点就近集中设置安装，避免供水企业为了单纯的管理方便，而在远离用户的用水点设置户表。

## 三、计量表

结算（计量）水表是公平供水的基础。在日常生活中，用水人对计量表的异议是供水投诉问题中的一个热点和难点。主要源于初装水表的法定认定信息不对称，以及争议问题解决响应的时间与响应结果的不确定。即将出台《重庆市城市供水服务标准》及《重庆市供用水示范合同》以明确规定响应时间和响应结果的处理方法。

计量监督部门和供水管理部门应共同督促供水企业为用户提供方便解决计量争议校核的渠道及可行的方法。

## 四、城市绿化、环境卫生建立计量制度

由于过去的城市绿化、环境卫生等用水属于城市公共性质的用水，供水企业与城市绿化、环境卫生部门存在密切的工作交往与联系，相关费用均从财政预算支出，用水结算上难以做到严格的计量，成为供水漏损控制的一个盲区，本次条例修订为了弥补这一空白，明确了其计量关系。需要强调的是本《条例》正式实施后，供水企业应当立即与以上相关单位和部门联系，及时建立计量制度。

### 五、消防供水设施实行专用制度

消防供水设施是提供消防用水的专用设施,其主要用于消防救援。特殊情况下,城市绿化、环境卫生、应急用水确需通过消防专用供水设施用水的,应当征得城市供水企业的同意,并报所在地区县(自治县)消防救援机构备案。偶发情况下提供的应急供水,事后也应进行备案登记结算,若连续多次(一月内三次及以上的)使用便视为常态,即需进行装表结算。

> **第三十三条** 城市供水企业应当及时通知用水人交纳水费。逾期不交纳的,城市供水企业可以进行催告,用水人应当按照合同约定缴纳水费并支付违约金。

**【释义】**

本条是关于供水人和用水人按照《城市供水合同》签订的相关内容履行合同要求的规定。

供水人与用水人之间的供水交易行为是通过签订供用水合同方式确定下来的,在合同的履行中供水人处于相对主导的地位,用水人未及时缴纳水费也存在多种原因。而城市供水作为城市生产和人民生活的必需品,具有一定的公益性和不可替代性,供水企业不能因为一些不明确的原因而通过停水的方式进行催缴以展示其主导地位的强制性。因此,对用水人逾期不缴纳水费的行为,供水人可依据双方签订的供用水合同,通过相对简易的诉讼方式厘清双方的责任,保护自身合法权益,也能对类似无故不缴纳水费的行为起到警示作用。

# 第五章  节　水

> **第三十四条**　各级人民政府应当推进节约用水,全面建设节水型城市。
>
> 单位和个人应当依法履行节约用水义务。
>
> 城市供水节水主管部门应当加强计划用水与定额管理。

【释义】

本条是关于政府、城市供水节水主管部门及单位和个人节水职责及义务的规定。

## 一、节水型城市的概念

一是国家节水型城市。按照《住房和城乡建设部　国家发展改革委关于印发国家节水型城市申报与评选管理办法的通知》(建城〔2022〕15号),经各省、自治区、直辖市住房和城乡建设厅(城市管理局)、发展改革委初步考核,通过住房和城乡建设部和国家发展改革委组织的申报材料预审、第三方评价、社会满意度调查、现场考评、综合评议等程序而命名的城市。

二是市级节水型城市。市级节水型城市是参照国家节水型城市评选

办法和标准,按照重庆市城市管理局和重庆市发展改革委联合印发的《重庆市节水型城市申报与评选管理办法》和《重庆市节水型城市评选标准》,各区县根据评选管理办法和评选标准进行申报,重庆市城市管理局和重庆市发展改革委组织开展申报材料预审、第三方评价、现场考评、综合评议等程序而命名的城市。

党的十九大以来,落实国家节水行动,推动创建节水型社会,创建节水型城市是节水型社会建设的重要组成部分。《中华人民共和国水法》第八条明确要求各级人民政府应当采取措施,加强对节约用水的管理,因此,条例修订中规定各级人民政府应当推进节约用水工作,作为各级政府职责。《中华人民共和国长江保护法》第六十八条规定"长江流域县级以上地方人民政府应当加强节水型城市和节水型园区建设",《国家发展改革委 水利部关于印发〈国家节水行动方案〉的通知》(发改环资规〔2019〕695号)明确要求各级人民政府全面推进节水型城市建设,为确保相关法规在本市落地落实,在本条中规定了建设节水型城市相关内容。

## 二、关于单位和个人的节约用水义务

习近平总书记在黄河流域生态保护和高质量发展座谈会上提出"以水定城、以水定地、以水定人、以水定产",水资源属于国家所有,单位和个人活动开发利用水资源必须限定在水资源的承载力范围内,此外,《中华人民共和国水法》明确要求单位和个人有节约用水的义务。

## 三、计划用水与定额管理

《中华人民共和国水法》规定应当"按照批准的用水计划用水""用水

实行计量收费和超定额累进加价制度"。根据国家法律,在条例修订中明确了城市供水节水主管部门相关职责,执行对象为非居民用水户,落实计划用水管理,对超过用水计划的,实行累进加价收费制度。在具体操作时,各区县城市供水节水主管部门,应当按照市级政策文件、通知以及相关实施导则、细则等,开展计划用水管理和超定额累进加价收费工作。

> **第三十五条** 城市供水节水主管部门应当结合本地区水资源承载能力,制定节约用水发展规划,并根据节约用水发展规划制定年度计划。

【释义】

本条是关于节水规划的相关规定。

住房和城乡建设部《城市节约用水管理规定》第六条要求政府要制定节约用水发展规划,并依据节约用水发展规划制订节约用水年度计划;《国家节水型城市考核标准》中把经本级政府或者上级政府主管部门批准的城市节水中长期规划作为申报节水型城市的基本条件。为推进城市节水工作,创建节水型城市,《条例》修订中规定城市供水节水主管部门应当根据辖区水资源对经济社会发展和维护良好生态环境的最大支撑能力,委托具备相应资质的专业机构编制城市节约用水发展规划,并根据规划制订节约用水年度计划,保证规划内容逐年落地落实。

> **第三十六条** 市、区县(自治县)人民政府在新区建设、旧城改造和市政基础设施建设时,应当按照相关规定配套建设雨水利用和再生水利用设施。
>
> 使用城市公共供水管网的新建、改建、扩建建设项目,应当制订节水措施方案,配套建设节水设施,节水设施应当与主体工程同时设计、同时施工、同时投产。

【释义】

本条是关于节水设施建设和节水"三同时"的相关规定。

## 一、非常规水资源利用

非常规水资源是指不同于常规地表水和地下水的水源,经处理后可以利用或者在一定条件下可以直接利用的雨水、再生水、矿井水等。国务院《水污染防治行动计划》和《重庆市节约用水管理办法(试行)》均明确要求政府将雨水、再生水等非常规水资源纳入水资源统一配置,并规定进行城镇新区建设、旧城改造和市政基础设施建设,应当配套建设雨水利用和再生水利用设施。《国家节水型城市考核标准》对节水型城市要求是非常规水资源利用率在25%以上或者年增长率达到5%以上,我市城市基础设施建设"十四五"规划中提出至2025年再生水利用率将达到15%。为了创建节水型城市,实现再生水利用目标,《条例》明确市、区(县)人民政府在新区建设、旧城改造和市政基础设施建设时,应当按照规定配套建设雨水利用和再生水利用等节水设施,将雨水、再生水纳入水资源统一配置,切实提升非常规水资源利用率。

## 二、节水"三同时"的规定

《中华人民共和国水法》第五十三条第一款:"新建、扩建、改建建设项目,应当制订节水措施方案,配套建设节水设施。节水设施应当与主体工程同时设计、同时施工、同时投产。"国务院《水污染防治行动计划》和最严格水资源管理制度均明确要求新建、改建、扩建项目用水要达到行业先进水平,节水设施应与主体工程同时设计、同时施工、同时投运。《国家节水型城市考核标准》明确要求使用公共供水和自备水的新建、改建、扩建工程项目,均必须配套建设节水设施和使用节水器具,并与主体工程同时设计、同时施工、同时投入使用。为有效落实上位法相关规定,推进节水型城市建设,提升城市节水成效,对工程项目配套建设节水设施作出明确规定,并提出"三同时"要求。

> **第三十七条** 市级相关行业主管部门应当制订行业用水定额,从严控制钢铁、火力发电、选煤、洗浴、洗车、高尔夫球场、人工滑雪场、洗涤、宾馆、水上娱乐场所等高耗水行业用水定额,积极推广循环用水技术、设备与工艺,降低用水消耗,提高水的重复利用率。

**【释义】**

本条是关于高耗水行业节约用水管理的相关规定。

## 一、用水定额

用水定额就是指一定时期内用水户单位用水量的限值,主要包括农业用水定额、工业用水定额、服务业及建筑业用水定额和生活用水定额。用水定额随着社会发展、科技进步和国民经济发展逐渐变化,工业用水定额和农业用水定额会随着科技进步而逐渐降低,居民生活用水定额会随着经济社会发展逐渐增加。

## 二、高耗水行业节水管理

《中华人民共和国水法》第四十七条规定"省、自治区、直辖市人民政府有关行业主管部门应当制订本行政区域内行业用水定额",本条例按照上位法规定明确了市级相关行业主管部门应当制定本市行业用水定额。国务院《水污染防治行动计划》要求严格用水定额管理,高耗水行业要达到先进定额标准,同时国家节水行动明确要求严控高耗水服务业用水,从严控制洗浴、洗车、高尔夫球场、人工滑雪场、洗涤、宾馆等行业用水定额。因此本《条例》从本市工业行业用水实际出发,要求对钢铁、火力发电、洗浴等高耗水行业从严控制行业用水定额,拟通过严格的定额管理,提升高耗水行业用水成本,激发行业内部节水内生动力,开展节水技术研究,推广循环用水技术、循环用水工艺与设备,提高水的重复利用率,有效降低水消耗,达到提升节水成效目的。

**第三十八条** 城市供水节水主管部门应当建立使用城市供水的重点用水人名录,每年对重点用水人核定年度用水计划,实施超计划用水管理。

重点用水人应当建立健全计划用水、节约用水管理制度和统计台账,并根据城市供水节水主管部门要求,定期进行水平衡测试。

【释义】

本条是关于重点用水人监管的相关规定。

## 一、重点用水人

国家节水行动明确要求建立国家、省、市三级重点监控用水单位名录。我市也按照相关要求建立了国家级、市级和区县级三级重点监控用水单位名录。城市供水节水主管部门应当按照相关文件要求对使用城市公共供水的用水大户建立重点用水户名录。

## 二、重点用水人管理

《重庆市节约用水管理办法(试行)》第十二条规定:"对纳入取水许可管理的单位和其他用水大户实行计划用水管理。"重点用水人一般都是非居民用户,国家节水行动方案和国务院《水污染防治行动计划》均明确要求建立重点用水户名录,加大重点用水户的监管,本条例第三十四条、第三十七条也规定实行计划用水和定额管理,每年应当按照行业用水定额核定重点用水人的用水计划,同时根据本条例第三十一条之规定,对超出按定额核定的用水计划部分实行超定额累进加价收费。建立健全计划用水、节约用水管理制度,统计台账、定期开展水平衡测试等是对重点用水人节约用水提出的具体措施,通过建立计划用水和节约用水制度,规范用水人的用水行为,养成节约用水的习惯;通过统计台账,了解用水人具体的用水数据;开展水平衡测试能够通过对用水人的管网状况和各部位用水现状调查测试,指导用水人分析节水潜力,制定相应的节水措施,达到节约用水、节省成本的目的。

> **第三十九条** 国家机关、事业单位、社会团体和其他社会组织应当建立和完善节水制度,强化节水管理,使用节水产品和设备,建设节水型单位。
>
> 加强居民节水用水宣传,鼓励居民节约用水、合理用水,建设节水型居民小区。

【释义】

本条是关于节水型单位和节水型居民小区建设的规定。

### 一、建设节水型单位、节水型居民小区的重要性

水是生命之源,是经济社会发展和人类赖以生存发展不可或缺的重

要自然资源,节约用水是全人类共同的责任。建设节水型单位、节水型居民小区有利于实现科学用水、合理用水,高效利用水资源,减少水资源浪费,推动水资源利用可持续发展。同时,建设节水型单位、节水型居民小区是创建节水型城市的前期准备和评价标准之一,也是建设节水型社会的重要内容。

## 二、建设节水型单位、节水型居民小区的制度要求

2013年水利部、国家机关事务管理局、全国节约用水办公室《关于开展公共机构节水型单位建设工作的通知》要求,有计划地组织有条件的市县级公共机构创建节水型单位,完善节水制度,强化节水管理,推广使用节水技术和设备等。《重庆市节约用水管理办法(试行)》第二十六条和第二十七条也对建设节水型单位和节水型居民小区作出明确规定。城市节水是全市节约用水工作的重要组成部分,应当与全市节约用水管理保持一致性,因此,本条例就建设节水型单位、节水型居民小区作出规定,以便于推动建设节水型城市和节水型社会。

> **第四十条** 鼓励使用再生水,提高再生水利用率。城市绿化、环境卫生等市政用水和生态景观、消防等用水,应当优先使用再生水等非常规水。

【释义】

本条是关于非常规水资源利用的规定。

按照国家要求，政府应当将雨水、再生水等非常规水资源纳入水资源统一配置，建设利用设施。《中华人民共和国水法》第五十二条规定，加强城市污水集中处理，鼓励使用再生水，提高污水再生利用率。国务院《水污染防治行动计划》和《重庆市节约用水管理办法(试行)》，均提出促进和推广再生水等非常规水资源利用，要求城市绿化、道路清扫等市政用水和建筑施工、生态景观用水等有条件的要优先使用雨水、再生水等非常规水资源，同时非常规水资源利用率是国家节水型城市考核的技术指标之一。因此，本条例本着与上位法和国家、本市相关规定保持一致的原则，对再生水、非常规水资源的利用进行了规范。

**第四十一条** 区县(自治县)城市供水节水主管部门应当建立健全城市供水管网漏损控制制度，完善漏损考核体系，不断提升城市供水管网漏损控制水平。

城市供水企业应当加强供水设施的维护管理，建立分区域计量系统，通过分区计量管理实施管网更新改造、漏损检测、智慧化管理等措施，严格控制城市供水管网漏损。

【释义】

本条是关于公共供水管网漏损控制的规定。

## 一、城市公共供水管网漏损

根据《城镇供水管网漏损控制及评定标准》(CJJ 92—2016)，城市公共管网漏损水量是指供水总量和注册用户用水量之间的差值，由漏失水量、计量损失水量和其他损失水量组成。漏失水量就是指各类型管线漏点、管网水箱及水池等渗漏和溢流造成的实际漏失水量。计量损失水量是指计量表具性能限制或计量方式改变导致的损失水量。其他损失水量是指未注册用户用水或用户拒查等管理因素导致的损失水量。综合漏损率是指管网漏损水量与供水总量之比，通常用百分数表示。漏损率是指用于评定或考核供水单位或区域漏损水平，由综合漏损率修正而得。根据国家相关规划及文件要求，至2025年城市公共供水管网漏损率要控制在9%以内。

## 二、城市供水主管部门加强公共供水管网漏损控制的要求

《中华人民共和国水法》规定城市人民政府要降低城市供水管网漏失率，提高用水效率；国务院《水污染防治行动计划》明确要求把节水目标任务完成情况纳入地方政府绩效考核，推进老旧管网改造，降低公共管网漏损率。国务院最严格水资源管理制度要求加强用水效率红线控制，降低城市公共管网漏损率，并将公共管网漏损率纳入最严格水资源管理制度考核体系中。国家节水行动方案明确提出省市政府要大幅降低供水管网漏损，加快制定和实施供水管网改造建设实施方案，完善供水管网检漏制度，加强公共供水系统运行监督管理，推进城镇供水管网分区计量管理，建立精细化管理平台和漏损管控体系等。为有效贯彻落实国家相关法规

政策,本条例规定城市供水主管部门代表同级人民政府加强城市公共管网漏损控制,完善漏损考核体系,降低城市公共管网漏损率。

### 三、城市供水企业加强公共供水管网漏损控制的要求

《中华人民共和国水法》和《城市节约用水管理规定》要求供水企业和自建供水设施的单位应当加强供水设施的维护管理,减少水的漏失。《城镇供水管网漏损控制及评定标准》(CJJ 92—2016)规定供水企业要进行漏损控制,采取合理有效的技术和管理措施,减少漏损水量,漏损控制应以漏损水量分析、漏点出现频次及原因分析为基础,明确漏损控制重点,制定漏损控制方案,采取管网改造、分区计量管理、压力调控等措施。《城镇供水管网运行、维护及安全技术规程》(CJJ 207—2013)明确供水单位应完善计量管理体系,对不同性质用水进行分类,并对各类用户用水进行计量管理。建立分区域计量系统,在管网的适当位置应安装流量计,对区域供水量进行综合监测和水量平衡管理。按照上述法规和技术标准,本条例对供水企业公共管网漏损控制作出了相应规定。

## 第六章　安全与应急管理

> **第四十二条**　城市供水企业应当建立健全供水安全管理制度,加强对供水设施的巡查和经常性维护。
>
> 城市供水企业在维护或者抢修供水设施时,有关单位和个人应当予以支持和配合。

【释义】

本条是关于城市供水企业安全管理的规定。

### 一、建立健全安全管理制度的必要性

《中华人民共和国突发事件应对法》第二十二条规定,所有单位应当建立健全安全管理制度,定期检查本单位各项安全防范措施的落实情况,及时消除事故隐患。城市供水企业应当按照法规要求建立健全安全管理制度,建立安全生产责任制、安全教育、安全训练、安全检查和设施设备维护检修、安全文化等制度,保证城市供水设施设备安全稳定运行。国务院《城市供水条例》明确要求供水企业要保持不间断供水,为提升城市供水安全可靠性,城市供水企业对所属设施设备应当进行定期巡查检查,建立并落实设施设备经常性维护检修制度,确保设施设备处于良好运行状态,

确保供水连续稳定。

**二、有关单位和个人应当支持和配合供水企业实施供水设施维护或抢修工作**

本条例关于有关单位和个人应当支持和配合供水企业实施供水设施维护或抢修工作的规定参考了上海、浙江等省市的供水条例或供水管理办法的相关规定，对影响维护或者应急抢修的设施或物件，供水企业可以采取必要的处置措施，同时通知产权所有者，维护或抢修完毕后须及时恢复原状，应当给予补偿的要与产权单位依法协商解决。城市供水属于民生工程，城市供水企业维护或抢修供水设施是为了提升城市供水安全可靠性或者及时恢复供水保障，是保障社会公众利益的行为，需要有关单位和个人予以支持和配合，不得出现阻挠或者干扰的行为。

> **第四十三条** 市、区县（自治县）人民政府应当加强饮用水水源管理，统筹建设城市供水备用水源或者应急水源。
>
> 备用供水或者应急供水水质、水量应当符合城市应急供水的要求。

【释义】

本条是关于城市供水水源保障的规定。

## 一、加强饮用水源地管理

《中华人民共和国水法》《中华人民共和国水污染防治法》均明确规定,国家建立饮用水源地保护区制度,并对饮用水源地保护区的划定方法、原则及饮用水源地保护区分级管理措施等进行了明确,还要求单一水源供水城市的人民政府应当建设备用水源或者应急水源,有条件的区域可开展联网供水。国务院《水污染防治行动计划》要求强化饮用水源环境保护,开展饮用水源规范化建设,目前我市生态环境管理部门正在推进集中式饮用水源地规范化建设,城市集中式饮用水源地水质达标率达100%。按照相关法规和文件精神,本条例明确了市和区县人民政府要加强饮用水源地管理,按照相关规定划定饮用水源地保护区,落实饮用水源地保护区保护措施。第一轮中央环保督察指出,我市城市水厂应对突发水环境事件能力较差,少量水厂建有深度处理工艺或备用水源,在整改销账中,我市水利部门已于2018年基本完成全市各区县城市供水备用水源或应急水源建设,为确保城市供水满足应对突发水环境事件要求,提升供水系统韧性,本条例修订中要求统筹建设城市供水备用水源或者应急水源。

## 二、备用水源、应急水源

根据《城市供水应急和备用水源工程技术标准》(CJJ/T 282—2019),备用水源是为应对极端干旱或周期性、季节性水源水量或水质问题导致的常规水源水量不足或无法取用而建设,可以与常规水源互为备用、切换运行的水源。对水质、水量的管理要求应当与常规水源保持一致,符合城市安全供水的需要。应急水源是为应对突发性水源污染而建设,水源水

质基本符合要求,具备与常规水源快速切换运行能力,通常以最大限度满足城市居民生活用水为目标。按照相关规定,城市应急水源一般应满足城市7天用水量需求。为确保城市备用水源或应急水源在水质和水量上能够满足城市用水需求,本条例中作出了相应的规定。

> **第四十四条** 城市供水节水主管部门应当制定城市供水应急预案,并报本级人民政府批准。
>
> 城市供水企业应当根据城市供水应急预案制定本企业的应急预案,配备必要的应急物资,并定期组织演练。
>
> 发生影响城市供水安全的突发事件时,市、区县(自治县)人民政府应当依法启动应急预案,有关部门和城市供水企业应当按照市、区县(自治县)人民政府的要求实施应急处置工作,采取有效措施,保障供水安全。

【释义】

本条是关于城市供水应急处置的规定。

## 一、城市供水应急预案

《中华人民共和国突发事件应对法》第十七条规定:"地方各级人民政府和县级以上地方各级人民政府有关部门根据有关法律、法规、规章、上级人民政府及其有关部门的应急预案以及本地区的实际情况,制定相应

的突发事件应急预案。"《城市供水水质管理规定》第二十四条第一款规定："建设(城市供水)主管部门应当会同有关部门制定城市供水水质突发事件应急预案,经同级人民政府批准后组织实施。"各区县城市供水节水主管部门作为行业主管部门,应当按照"宁可备而不用,不可用而无备"的指导思想,落实法规制度的规定,结合辖区城市供水水源、自来水厂、供水管网及电力保障等可能存在的安全隐患,编制城市供水应急预案,并报本级人民政府批准,为应对原水、停电、爆管等突发问题,做好组织准备、物资准备、后勤准备,明确突发问题处置程序和流程,确保高效处置各类突发事件。

### 二、城市供水企业应急预案

《城市供水水质管理规定》第二十四条第二款规定："城市供水单位应当依据所在地城市供水水质突发事件应急预案,制定相应的突发事件应急预案,报所在地直辖市、市、县人民政府城市供水主管部门备案,并定期组织演练。"城市供水企业作为城市供水主体,提供水量充足、符合国家生活饮用水卫生标准的饮用水和连续不间断的供水保障是基本要求,城市供水企业要根据辖区城市供水应急预案,结合本企业水源、生产和保障工作实际,编制企业应急预案,并按照应急预案内容做好应急处置物资的储备,成立应急处置队伍,开展应急处置教育与训练,每年设定不同的科目,组织应急处置演练,提升应急处置能力,为有效应对突发事件做好准备。

### 三、城市供水应急处置

城市供水应急预案明确了突发事件的预警分级和响应条件,当发生

影响城市供水安全的突发事件时,市、区(县)人民政府应当按照应急预案的规定依法启动应急预案,相关部门和供水企业应当按照政府批准的应急预案所规定的职责任务,组织实施应急处置工作,按照应急处置流程,采取有效的处置措施,保证城市供水安全可靠。

> **第四十五条** 单位或者个人发现供水水质受污染或者不符合国家生活饮用水卫生标准的,应当及时向城市供水节水、卫生健康、生态环境部门或者城市供水企业报告。有关部门或者城市供水企业应当在接到报告后立即处理,必要时城市供水企业应当在两小时内到现场核实。按照城市供水应急预案的规定采取停止供水措施的,经所在地区县(自治县)城市供水节水主管部门、卫生健康部门检验合格后,城市供水企业方可恢复供水。

【释义】

本条是关于城市供水水质污染处置的规定。

## 一、单位或者个人发现供水水质受污染或者不符合国家生活饮用水卫生标准的报告方式

本条是此次条例修订中新增的条款,主要参考了《广州市供水用水条例》,明确了发现水质污染或水质不合格时的处理方法。用水单位或个人

水质受污染或者不符合国家生活饮用水卫生标准时,既可以向与饮用水水质监管相关的部门报告,也可以及时向城市供水企业报告。生态环境部门主要负责饮用水源地水质监管,定期进行检测并向社会公开饮用水源地水质信息;城市供水节水和卫生健康部门对城市水厂的出厂水、管网水、末梢水进行监管,定期向社会公开水质信息。因此,发现水源水受污染问题一般向生态环境部门或者供水企业报告,发现城市自来水受污染或者水质不符合国家生活饮用水卫生标准一般向城市供水节水、卫生健康部门或者供水企业报告。

## 二、城市供水水质污染的处置方式

相关部门或者城市供水企业接到报告后要立即进行核实处理,必要时到现场开展应急检测或者加密水质检测频次,为辖区政府应急处置和是否启动应急预案提供决策依据。如果受水污染影响,启动了辖区城市供水应急预案,并按照预案要求采取了停止城市供水措施,那么城市供水企业应当对受污染的城市供水设施设备进行冲洗消毒,冲洗消毒后进行水质检测,水质经辖区城市供水节水主管部门、卫生健康部门检验达到国家生活饮用水卫生标准后,城市供水企业才能恢复受影响区域的供水,保证城市供水水质安全。

> **第四十六条** 在供水设施的周围应当按照国家或者本市有关规定划定安全保护范围。

> 在安全保护范围内，禁止从事下列活动：
>
> （一）建造永久性建（构）筑物；
>
> （二）擅自修建临时性建（构）筑物和管线设施；
>
> （三）挖坑取土或者倾倒弃土；
>
> （四）打桩或者顶进作业；
>
> （五）堆放有毒有害、易燃易爆物品；
>
> （六）其他损坏供水设施或者危害供水设施安全的活动。

**【释义】**

本条是关于安全保护范围内禁止事项的规定。

《城市供水条例》第二十九条："在规定的城市公共供水管道及其附属设施的地面和地下的安全保护范围内，禁止挖坑取土或修建建筑物、构筑物等危害供水设施安全的活动。"国内其他省市加强城市供水设施保护均采取了强有力措施，明确要求管道安全保护距离内不应有根深植物、正在建造的建筑物或构筑物、开挖沟渠、挖坑取土、堆压重物、顶进作业、打桩爆破、排放生活污水和工业废水、排放或堆放有毒有害物质等人为故意损坏和埋压供水管道及设施的行为，应及时报告相关部门核查处理。为落实上位法，学习借鉴和参考其他省市供水条例关于供水设施保护的条款，作出了划定供水设施安全保护范围的规定，具体安全保护距离划定将制定相应的管理规定予以明确。在供水设施安全保护范围内，从保护供水设施安全运行、保障供水连续稳定和提升供水可靠性的角度出发，禁止了建造永久性建(构)筑物、修建临时性建(构)筑物和管线设施、挖坑取土或者倾倒弃土、打桩或者顶进作业、堆放有毒有害和易燃易爆物品等可能危害城市供水设施的行为，目的就是要加强供水设施保护，提升城市供水安全可靠性。

> **第四十七条** 禁止擅自改装、拆除或者迁移供水设施。
>
> 因建设工程确需改装、拆除或者迁移供水设施的，建设单位应当在申请建设工程规划许可证前，报城市供水节水主管部门批准，并采取相应的补救措施。建设工程施工影响供水设施安全的，建设单位应当与城市供水企业商定相应的保护措施，并由施工单位负责实施，确保安全正常供水。

## 【释义】

本条是关于供水设施迁改行政审批的规定。

国务院《城市供水条例》第三十条规定："因工程建设确需改装、拆除或者迁移城市公共供水设施的，建设单位应当报经县级以上人民政府城市规划主管部门和城市供水行政主管部门批准，并采取相应的补救措施。"本条例中关于"禁止擅自改装、拆除或者迁移供水设施"规定是为了加强供水设施保护，保证作为民生保障的城市供水安全可靠，同时也按照

上位法的规定,对因工程建设确需要改装、拆除或者迁移供水设施的给出了路径。在实际工作中建设单位在工程项目明确用地红线,进行勘测发现既有给水设施确需改装、拆除或者迁移的,应当在办理项目规划许可证前,报城市供水节水主管部门先行审批给水设施的改装、拆除或者迁移。为确保不影响市民用水,取得城市供水节水主管部门同意后,需采取的补救措施是一般由建设单位委托给水设施产权单位实施改装、拆除或者迁移作业,实施作业期间要最大限度保证市民基本生活用水需求。

建设工程施工作业影响或者可能影响城市供水设施安全的,城市供水企业应当与建设单位签订保护协议,双方共同商定保护措施或者应急补救措施,产生的费用由建设单位承担,需采取工程措施的一般由建设单位确定的施工单位实施,确保城市供水安全可靠、连续稳定。

> **第四十八条** 严重危害城市供水安全,造成或者可能造成较大面积停水的,城市供水节水主管部门应当责令停止侵害,并依法采取应急措施,排除险情,所发生的费用由责任人承担。

【释义】

本条是关于危害供水设施处置的规定。

国务院《城市供水条例》第二十九条、第三十一条和第三十六条对危害城市供水设施的行为作出禁止性规定和处罚要求。城市供水节水主管部门作为行业管理部门，保障城市供水"量足、质优、服务好"是其工作目标，应当保障供水设施连续稳定运行，提升供水安全可靠性才能实现工作目标。本条例为确保上位法相关规定能够落实，结合我市城市供水节水行业管理实际，明确了对危害城市供水设施安全，造成或者可能造成较大面积停水的行为由城市供水节水主管部门责令停止侵害，并采取相关措施，保证城市供水设施安全运行，由此产生的费用由实施侵害行为的单位或个人承担。

《条例》执行过程中，城市供水企业日常巡查发现危害城市供水设施的行为及时报告辖区城市供水节水主管部门，由主管部门根据本条例的规定，通知城市综合管理执法队伍进行现场执法，对造成或者可能造成较大面积停水的行为立即制止，由辖区城市供水主管部门组织供水企业根据造成的危害程度，采取适当的补救措施，确保供水设施安全运行，确保供水安全，由此产生的费用由产生危害行为的单位承担。

# 第七章　法律责任

> **第四十九条**　政府和有关部门及其工作人员违反本条例规定的,由有权机关责令改正或者通报批评;情节严重的,对负有责任的领导人员和直接责任人员依法给予处分。

【释义】

本条是关于国家机关及其工作人员有关违法行为行政责任的规定。旨在加强对所有行使供水节水管理职责的工作人员的监督,促进依法履职、秉公用权,保障条例的有效实施。

### 一、责令改正或者通报批评

本条例所称责令改正或者通报批评,是指《中华人民共和国公务员法》五十七条所列的谈话提醒、批评教育、责令检查、诫勉等方式。

### 二、处分

本条例所称处分,按照《中华人民共和国公务员法》第六十二条规定,有"警告、记过、记大过、降级、撤职、开除"六种情形。

**第五十条** 违反本条例规定,有下列行为之一的,由城市供水节水主管部门责令其停止违法行为,限期改正,处五万元以上十万元以下罚款:

(一)未经审查新建、改建、扩建城市供水工程的;

(二)二次供水设施未配套建设或者未与主体工程同时设计、同时施工、同时投入使用的;

(三)使用城市公共供水管网的新建、改建、扩建建设项目,未制订节水措施方案的,或者节水设施未与主体工程同时设计、同时施工、同时投产的;

(四)在供水设施安全保护范围内,从事损坏供水设施或者危害供水设施安全活动的;

(五)擅自改装、拆除或者迁移供水设施的。

【释义】

本条是关于违反《条例》第九条、第二十一条、第三十六条、第四十六条、第四十七条相关规定的处罚。

## 一、行政处罚裁量权基准

出现以上违法行为,由城市供水节水主管部门责令限期改正,防止违法后果的扩大,并针对以下情况分别处理:初次违反,积极配合调查处理并及时整改、违法后果轻微的,处5万元以上6.5万元以下罚款;较为配合

调查处理的并及时整改但违法情形或者违法后果较为严重的,处超过6.5万元不满8.5万元罚款;存在拒不改正、拒不配合调查处理、2次以上违反、影响严重或者造成严重后果、存在严重安全隐患的情形之一的,处8.5万元以上10万元以下罚款。

## 二、关于"未经审查新建、改建、扩建城市供水工程"的处理层级

根据《条例》第九条,中心城区及跨区域的城市供水工程建设方案应当经市城市供水节水主管部门审查,按照建设程序批准后分级实施。中心城区以外的城市供水工程建设方案应当经所在地区县(自治县)城市供水节水主管部门审查,按照建设程序批准后实施。按照"谁审批谁监管"原则,中心城区及跨区域的城市供水工程建设方案由市城市管理局审查,未经审查新建、改建、扩建城市供水工程的违法行为由重庆市城市管理综合行政执法总队负责查处;中心城区以外的城市供水工程建设方案由所在地区县(自治县)城市供水节水主管部门审查,未经审查新建、改建、扩建城市供水工程的违法行为由所在地区县(自治县)城市管理综合性质执法队伍负责查处。

**第五十一条** 城市供水企业违反本条例规定,有下列行为之一的,由城市供水节水主管部门责令限期改正,处一万元以上五万元以下罚款;情节严重的,报经市或者区县(自治县)人民政府批准,可以责令停业整顿;对负有直接责任的主管人员

和其他直接责任人员,其所在单位或者上级机关可以给予处分:

(一)未对供水设施定期进行检修、清洗和消毒,确保其正常、安全运行的;

(二)擅自停止供水或者未提前二十四小时通知用水人的;

(三)发生灾难、紧急事故等造成停水时未立即抢修,抢修的同时未通知用水人或者未报告城市供水节水主管部门的;

(四)未根据城市供水应急预案制定本企业的应急预案、配备必要应急物资的,或者未定期组织演练的。

【释义】

本条是关于违反《条例》第十六条、第二十条、第四十四条相关规定的处罚。

## 一、本条第一项、第四项的行政处罚裁量权基准

出现以上违法行为,由城市供水节水主管部门责令限期改正,防止违法后果的扩大,并针对以下情况分别处理:初次违反,积极配合调查处理并及时整改、违法后果轻微的,处1万元以上2.2万元以下罚款;较为配合调查处理的并及时整改但违法情形或者违法后果较为严重的,处超过2.2万元不满3.8万元罚款;存在拒不改正、拒不配合调查处理、2次以上违反、影响严重或者造成严重后果、存在严重安全隐患的情形之一的,处3.8万

元以上5万元以下罚款。

## 二、本条第二项、第三项的行政处罚裁量权基准

出现以上违法行为，由城市供水节水主管部门责令限期改正，防止违法后果的扩大，并针对以下情况分别处理：初次违反，积极配合调查处理，影响1万人以下用水的，处1万元以上2.2万元以下罚款；较为配合调查处理的或影响超过1万人不满3万人用水的，处超过2.2万元不满3.8万元罚款；存在拒不改正的、拒不配合调查处理的、2次以上违反、影响3万人以上用水的情形之一的，处3.8万元以上5万元以下罚款。

> **第五十二条** 城市供水企业、二次供水设施维护管理单位违反本条例规定，有下列行为之一的，由卫生健康部门责令限期改正，处两千元以上两万元以下的罚款：
> （一）未依法取得卫生健康部门颁发的卫生许可证的；
> （二）安排有碍饮用水卫生的疾病患者或者病原携带者直接从事供水、管水工作的。

**【释义】**

本条是关于违反《条例》第十四条相关规定的处罚。

《中华人民共和国传染病防治法》第二十九条规定："饮用水供水单位从事生产或者供应活动，应当依法取得卫生许可证。"《生活饮用水卫生监

督管理办法》第十一条规定:"直接从事供、管水的人员必须取得体检合格证后方可上岗工作,并每年进行一次健康检查。凡患有痢疾、伤寒、病毒性肝炎、活动性肺结核、化脓性或渗出性皮肤病及其他有碍饮用水卫生的疾病的和病原携带者,不得直接从事供、管水工作。"按照"谁审批谁监管"的原则,相关违法行为由卫生健康部门负责查处。

**第五十三条** 违反本条例规定,有下列行为之一的,由城市供水节水主管部门、卫生健康部门按照职责责令限期改正,处一万元以上五万元以下的罚款;情节严重的,报经市或者区县(自治县)人民政府批准,可以责令停业整顿;对负有直接责任的主管人员和其他直接责任人员,其所在单位或者上级机关可以给予处分:

(一)供水水质、水压不符合国家规定标准的;

(二)未按照国家和本市规定对原水、出厂水、管网水、管网末梢水水质进行检测,未报送水质检测结果,或者未公布水质信息的。

【释义】

本条是关于违反《条例》第十三条相关规定的处罚。

## 一、城市供水节水主管部门、卫生健康部门职责划分

出厂水、管网水的水质、水压不符合国家规定标准或未按照国家和本市规定对出厂水、管网水水质进行检测，未报送水质检测结果，或者未公布水质信息的，由城市供水节水主管部门负责查处；对管网末梢水的水质不符合国家规定标准或未按照国家和本市规定对管网末梢水水质进行检测，未报送水质检测结果，或者未公布水质信息的，由卫生健康部门负责查处；水源地原水水质由生态环境部门负责监测并公布结果。

## 二、行政处罚裁量权基准

出现以上违法行为，城市供水节水主管部门、卫生健康部门应责令立即停止违法行为并进行改正，防止违法后果的扩大，并针对以下情况分别处理：初次违反，积极配合调查处理，及时改正，违法行为后果轻微的，处1万元以上2.2万元以下罚款；较为配合调查处理、及时改正但违法情形或违法后果较为严重的，处超过2.2万元不满3.8万元罚款；存在拒不改正的、拒不配合调查处理的、2次以上违反、影响严重或者造成严重后果的、存在严重安全隐患的情形之一的，处3.8万元以上5万元以下罚款，经区县（自治县）人民政府批准，可以责令停业整顿。

> **第五十四条** 二次供水设施维护管理单位违反本条例，有下列行为之一的，由城市供水节水主管部门责令限期改正，处五千元以上两万元以下罚款：

(一)擅自停止供水或者未提前二十四小时通知用水人的;

(二)发生灾难、紧急事故等造成停水时未立即抢修,抢修的同时未通知用水人或者未报告城市供水节水主管部门的;

(三)未建立水质管理制度,未按照规定进行水质检测或者对各类储水设施清洗消毒的。

**【释义】**

本条是关于违反《条例》第二十四条、第二十五条相关规定的处罚,是对二次供水设施维护管理单位违反供水相关义务的规定。

### 一、本条第一项、第二项的行政处罚裁量权基准

出现以上违法行为,由城市供水节水主管部门责令限期改正,防止违法后果的扩大,并针对以下情况分别处理:初次违反,积极配合调查处理,影响1万人以下用水的,处5000元以上0.95万元以下罚款;较为配合调查处理的或影响超过1万人不满3万人用水的,处超过0.95万元不满1.55万元罚款;存在拒不改正的、拒不配合调查处理的、2次以上违反、影响3万人以上用水的情形之一的,处1.55万元以上2万元以下罚款。

### 二、本条第三项的行政处罚裁量权基准

出现以上违法行为,由城市供水节水主管部门责令限期改正,防止违法后果的扩大,并针对以下情况分别处理:初次违反,积极配合调查处理

并及时整改、违法后果轻微的,处5000元以上0.95万元以下罚款;较为配合调查处理并及时整改但违法情形或者违法后果较为严重的,处超过0.95万元不满1.55万元罚款;存在拒不改正、拒不配合调查处理、2次以上违反、影响严重或者造成严重后果、存在严重安全隐患的情形之一的,处1.55万元以上2万元以下罚款。

> **第五十五条** 用水人违反本条例规定,有下列行为之一的,由城市供水节水主管部门责令限期改正,补交水费,处应当补交水费三倍以上五倍以下的罚款。情节严重的,经市或者区县(自治县)人民政府批准,可以在一定时间内停止供水:
>
> (一)绕过结算水表取水或者采用其他方式盗用供水的;
>
> (二)擅自在城市供水管网上直接装泵加压取水的;
>
> (三)擅自向其他单位或者个人转供城市供水的。

【释义】

本条是关于违反《条例》第二十九条相关规定的处罚。

## 一、"绕过结算水表取水或者采用其他方式盗用供水的"行政处罚裁量权基准

出现以上违法行为,由城市供水节水主管部门责令限期改正,补交水费,并针对以下情况分别处理:初次违反,积极配合调查处理,盗用供水量

100吨以下的,处补缴水费3倍以上3.6倍以下罚款;较为配合调查处理的或盗用供水量超过100吨不满500吨的,处补缴水费超过3.6倍不满4.4倍罚款;存在拒不改正、拒不配合调查处理、2次以上违反、盗用供水量500吨以上、影响严重或者造成严重后果情形之一的,处补缴水费4.4倍以上5倍以下罚款。

## 二、"擅自在城市供水管网上直接装泵加压取水的"行政处罚裁量权基准

出现以上违法行为,由城市供水节水主管部门责令限期改正,补缴水费,并针对以下情况分别处理:初次违反,积极配合调查处理,及时整改,违法后果轻微的,处补缴水费3倍以上3.6倍以下罚款;存在较为配合调查处理、及时整改但违法情形或者违法后果较为严重情形之一的,处补缴水费超过3.6倍不满4.4倍罚款;存在拒不改正、拒不配合调查处理、2次以上违反、影响严重或者造成严重后果、存在严重安全隐患情形之一的,处补缴水费4.4倍以上5倍以下罚款。

## 三、"擅自向其他单位或者个人转供城市供水的"行政处罚裁量权基准

出现以上违法行为,由城市供水节水主管部门责令限期改正,补缴水费,并针对以下情况分别处理:初次违反,积极配合调查处理,转供水量100吨以下的,处补缴水费3倍以上3.6倍以下罚款;较为配合调查处理的或转供水量超过100吨不满500吨的,处补缴水费超过3.6倍不满4.4倍罚款;存在拒不改正、拒不配合调查处理、2次以上违反、转供水量500吨以

上、影响严重或者造成严重后果情形之一的,处补缴水费4.4倍以上5倍以下罚款。

> **第五十六条** 供水企业未按国家规定的水质、水压等标准安全供水,造成用水人损失的,应当依法承担赔偿责任。

【释义】

本条是关于供水企业因违反供水相关义务带来的民事侵权法律责任的规定。

对水质、水压不符合国家标准,造成用水人人身伤害、财产损失,除应依法受到行政处罚外,还应当根据《中华人民共和国民法典》等法律法规规定承担民事赔偿责任。

# 第八章 附 则

**第五十七条** 本条例有关用语含义：

（一）城市供水用水节水，是指城市供水工程管网覆盖范围内的供水用水节水。

（二）阶梯水价，是指居民用水在一定标准基础上，按不同梯次制定的不同用水价格。

（三）一户一表，是指由城市供水企业直接将出户的结算水表安装到每一户住宅，城市供水企业直接对每一户住宅抄表计费。

（四）供水设施，是指自来水处理厂和供水专用取水井、水池、深井、引水管道、输配管网、闸阀、窨井、公用给水站、房屋水箱及其他供水设施。

（五）二次供水，是指集中式供水在入户之前经再度储存、加压和消毒或者深度处理，通过供水管道或者容器输送给用水人的供水方式。

（六）二次供水设施，是指为二次供水设置的水池（箱）、水泵、阀门、电控装置、消毒设备、压力容器、供水管道等设施。

（七）水平衡测试，是指对用水单元或者用水系统的水量进行系统的测试、统计、分析得出水量平衡关系的过程。

（八）再生水，是指污水经过适当处理后，达到一定的水质标准，满足某种使用要求，可以再次利用的水。

（九）非常规水，是指不同于常规地表水和地下水的水源，经处理后可以利用或者在一定条件下可以直接利用的集蓄雨水、废污水、矿井水等。

**【释义】**

"供水设施"出自《中国水利百科全书》。

"二次供水"出自《生活饮用水卫生标准》(GB 5749—2022)：集中式供水在入户之前经再度储存、加压和消毒或者深度处理，通过管道或者容器输送给用户的供水方式。

"二次供水设施"出自《二次供水设施卫生规范》(GB 17051—1997)：饮用水经储存、处理、输送等方式来保证正常供水的设备及管线。

"水平衡测试"出自《城市节水评价标准》(GB/T 51083—2015) 2.0.6：对用水单元或用水系统的水量进行系统的测试、统计、分析得出水量平衡关系的过程。

"再生水"出自《再生水水质标准》(SL 368—2006) 2.0.1：对经过或未经过污水处理厂处理的集纳雨水、工业排水、生活排水进行适当处理，达到规定水质标准，可以被再次利用的水。

"非常规水"出自《水资源术语》(GB/T 30943—2014)2.1.12:经处理后可加以利用或在一定条件下可直接利用的海水、废污水、微咸水或咸水、矿井水等,有时也包括原本难以利用的雨洪水等。

**第五十八条** 本条例自2022年12月1日起施行。1999年5月28日重庆市第一届人民代表大会常务委员会第十六次会议通过的《重庆市城市供水节水管理条例》同时废止。

# 附　录

## 重庆市人民代表大会常务委员会
## 公告

〔五届〕第 195 号

《重庆市城市供水节水条例》已于 2022 年 7 月 22 日经重庆市第五届人民代表大会常务委员会第三十五次会议通过，现予公布，自 2022 年 12 月 1 日起施行。

重庆市人民代表大会常务委员会

2022 年 7 月 22 日

# 重庆市城市供水节水条例

(2022年7月22日重庆市第五届人民代表大会常务委员会第三十五次会议通过)

## 目 录

第一章　总　则

第二章　供　水

第三章　二次供水

第四章　用　水

第五章　节　水

第六章　安全与应急管理

第七章　法律责任

第八章　附　则

## 第一章  总  则

第一条  为了规范城市供水、用水,维护用水人和供水企业的合法权益,保障城市生活、生产用水和其他用水,建设节水型城市,推动高质量发展,创造高品质生活,根据《中华人民共和国水法》《城市供水条例》等法律、行政法规,结合本市实际,制定本条例。

第二条  本市行政区域内的城市供水用水节水及相关监督管理活动,适用本条例。

第三条  本市城市供水用水应当遵循安全、节约、优质、高效的原则,优先保障生活用水,统筹安排生产用水和其他用水。

第四条  市、区县(自治县)人民政府应当将城市供水节水工作纳入国民经济和社会发展计划。

第五条  市城市管理部门是本市城市供水节水主管部门,负责本市行政区域内城市供水节水监督管理和指导工作。

区县(自治县)城市供水节水主管部门负责本行政区域内城市供水节水监督管理工作。

发展改革、经济信息、规划自然资源、住房城乡建设、生态环境、水利、卫生健康、市场监管、应急管理等有关部门,按照各自职责分工开展城市供水节水相关工作。

第六条  市、区县(自治县)人民政府及其有关部门应当推进城市供水节水事业科技进步,鼓励供水节水科学技术研究,推广先进技术,提高城市供水节水智能化、信息化水平。

第七条　本市各级人民政府和有关部门应当加强节水宣传。

新闻媒体及社会组织应当开展节水宣传工作,增强全社会节水意识,营造节约用水良好氛围。

教育部门应当将节约用水知识纳入学校教育内容,培养学生节水的意识。

## 第二章　供　水

第八条　市城市供水节水主管部门应当结合本市经济社会发展需要,按照统一规划、合理布局的原则,编制中心城区供水专项规划,经市规划自然资源部门综合平衡后报市人民政府批准,并纳入国土空间规划。

中心城区以外的区县(自治县)城市供水节水主管部门负责编制本行政区域城市供水专项规划,经区县(自治县)规划自然资源部门综合平衡后报区县(自治县)人民政府批准,并纳入区县(自治县)国土空间规划。

第九条　城市供水节水主管部门应当根据城市供水专项规划制定年度建设计划。新建、改建、扩建城市供水工程应当符合城市供水专项规划及年度建设计划。

中心城区及跨区域的城市供水工程建设方案应当经市城市供水节水主管部门审查,按照建设程序批准后分级实施。

中心城区以外的城市供水工程建设方案应当经所在地区县(自治县)城市供水节水主管部门审查,按照建设程序批准后实施。

第十条　市、区县(自治县)人民政府依法采用特许经营的方式确定

城市供水企业。获得特许经营权的城市供水企业应当与城市供水节水主管部门签订特许经营协议，提供城市供水产品和服务。

本市鼓励社会资本参与城市供水基础设施的建设和运营。

第十一条　采用特许经营的，市、区县(自治县)城市供水节水主管部门应当将特许经营项目实施方案、特许经营者、特许经营协议、项目建设运营、公共服务标准等有关信息按规定向社会公开。

获得特许经营权的城市供水企业应当公开有关会计数据、财务核算和其他有关财务指标，并依法接受年度财务审计。

第十二条　市城市供水节水主管部门负责中心城区及跨区域城市供水特许经营管理。

中心城区以外的区县(自治县)城市供水节水主管部门负责本行政区域内城市供水特许经营管理。

第十三条　城市供水企业应当履行下列义务：

(一)保障安全、稳定、不间断供水；

(二)供水水质符合国家生活饮用水卫生标准；

(三)按照规定设置供水管网测压点，确保供水水压符合规定的标准；

(四)安装的结算水表符合国家计量规定，并定期检定、维修和更换；

(五)建立经营服务信息公开制度，公开水价政策、收费标准等相关信息；

(六)建立查询专线和投诉处理机制，及时答复、处理用水人反映的供水问题；

(七)法律法规规定的其他义务。

第十四条　城市供水企业生产运营前应当取得卫生健康部门颁发的卫生许可证。

从事制水、水质检验等直接供水、管水工作的人员应当取得体检合格证、经卫生知识培训后方可上岗,并每年进行一次健康检查。有碍饮用水卫生的疾病患者、病原携带者不得直接从事以上工作。

第十五条　城市供水企业应当为用水人建立方便、快捷的服务系统,并与政务服务平台相连接,主动公开办事指南、材料清单、承诺时限信息,提供咨询、指导、协调等便民服务,优化服务流程,提高服务质量。

城市供水接入实行一网通办,依托政务服务平台,推动线上、线下服务融合。

第十六条　城市供水企业应当建立供水设施、水质、水压以及用水人等供水、用水信息库,通过科学布置监测点、智能化管理和大数据分析等措施,及时监控供水设施、水质、水量、水压等动态运行信息。

城市供水企业应当按照规定将供水、用水信息库中的信息和数据,接入城市供水节水主管部门的管理信息系统,强化信息应用服务。

城市供水企业应当对供水设施定期进行检修、清洗和消毒,确保其正常、安全运行。

第十七条　城市供水企业应当建立健全水质检测制度,加强水质检测能力建设,按照国家和本市规定的检测项目、频次、方法和标准,对原水、出厂水、管网水、管网末梢水进行水质检测,确保供水水质符合国家生活饮用水卫生标准。

城市供水企业应当将水质检测结果报送城市供水节水主管部门、卫生健康部门。

城市供水企业应当按照规定公布水质信息,接受公众的查询与监督。

第十八条　城市供水节水主管部门应当对原水、出厂水、管网水、管网末梢水的水质加强监督管理。区县(自治县)城市供水节水主管部门应当定期对本行政区域内城市供水水质实施检测,市城市供水节水主管部门应当对全市的城市供水水质进行抽查。抽查和检测结果应当向社会公布。

卫生健康部门负责开展饮用水卫生监督监测工作,发现饮用水污染危及人体健康的,应当立即采取应急措施,并会同城市供水节水主管部门报本级人民政府批准停止供水。

第十九条　城市供水企业的生产用电应当设置双电源或者双回路。

供电企业应当确保供电,确需中止供电的,应当按照规定通知城市供水企业。

第二十条　城市供水企业因工程施工、设备维修等原因确需停止供水的,应当经城市供水节水主管部门批准并提前二十四小时通知用水人。因发生灾害或者紧急事故不能提前通知的,应当在抢修的同时通知用水人,尽快恢复正常供水,并报告城市供水节水主管部门。超过二十四小时仍不能恢复供水的,城市供水节水主管部门应当组织应急供水,保证居民基本生活用水。

## 第三章 二次供水

第二十一条 新建、改建、扩建的建筑物对供水水压要求超过规定水压标准的,建设单位应当配套建设二次供水设施,并与主体工程同时设计、同时施工、同时投入使用。

鼓励建设单位将居民小区的二次供水设施委托城市供水企业统一建设。

二次供水设施经验收并取得卫生健康部门颁发的卫生许可证后,方可投入使用。

第二十二条 居民小区新建、改造的二次供水设施经验收后,应当交由城市供水企业进行维护管理。鼓励居民小区将现有的二次供水设施委托城市供水企业进行维护管理。

居民小区现有二次供水设施不符合建设标准和卫生标准的,区县(自治县)人民政府应当及时组织相关部门、业主、物业服务企业、城市供水企业制定并实施更新改造计划。

第二十三条 二次供水设施维护管理单位应当采取安全保障措施,落实卫生管理制度,配备专职或者兼职卫生管理人员。直接从事供水、管水的人员应当符合本条例第十四条第二款的规定。

第二十四条 二次供水设施维护管理单位应当按照规范要求对设施、设备进行维护保养,确保二次供水设施正常供水。因设备维修等原因确需停止供水的,应当经所在地区县(自治县)城市供水节水主管部门批准,并提前二十四小时通知用水人;因发生灾害或者紧急事故不能提前通知的,应当在抢修的同时通知用水人,尽快恢复正常供水,并报告所在地区县(自治县)城市供水节水主管部门。

第二十五条 二次供水设施维护管理单位应当建立水质管理制度,加强水质管理,每半年进行不少于一次的水质检测和对各类储水设施的清洗消毒。不具备水质检测能力的,应当委托具有相应检测能力的机构进行。发现水质被污染或者不符合国家生活饮用水卫生标准时,应当立即通过清洗消毒等方式进行处理,确保二次供水水质符合国家生活饮用水卫生标准。

二次供水设施维护管理单位应当将水质检测结果报所在地区县(自治县)城市供水节水主管部门,并向用水人公开。

第二十六条 区县(自治县)城市供水节水主管部门应当建立二次供水设施维护管理、更新改造、水质检测公示等制度,对本行政区域内二次供水设施和水质进行定期检测。

区县(自治县)卫生健康部门对本行政区域内的二次供水,每年应当按照相关规定进行水质监测,并将结果通报本级城市供水节水主管部门。发现饮用水污染危及人体健康必须停止使用的,卫生健康部门应当责令二次供水设施维护管理单位立即停止供水。

## 第四章 用 水

第二十七条 城市供水企业应当根据国家和本市规定的服务标准,按照不同用水性质与用水人依法签订《城市供用水合同》,明确双方权利义务和违约责任。

城市供水企业不得拒绝用水人合理的订立合同要求。

第二十八条 用水人享有下列权利：

(一)连续稳定用水；

(二)使用符合国家生活饮用水卫生标准的水；

(三)查询用水业务办理、用水量、水质、水价和水费信息；

(四)对供水服务有异议的,可以向城市供水企业、二次供水设施维护管理单位或者所在地区县(自治县)城市供水节水主管部门及其他有关部门投诉；

(五)法律法规规定的其他权利。

第二十九条 用水人应当按照《城市供用水合同》,根据结算水表显示水量和价格主管部门确定的水价标准按时足额交纳水费。

任何单位和个人不得有以下行为：

(一)绕过结算水表取水或者采用其他方式盗用供水；

(二)擅自在城市供水管网上直接装泵加压取水；

(三)擅自向其他单位或者个人转供城市供水；

(四)其他影响城市供水秩序的行为。

第三十条 城市供水企业应当建立投诉处理机制,设置供水服务热线,二十四小时接受用水人咨询、求助及投诉,并与政务服务热线联动；受理用水人咨询与投诉后应当在两小时内作出答复,并在五个工作日内处理完毕；对处理期限内不能解决的,应当向用水人说明原因,提出处理方案,并在承诺时限内处理完毕。

第三十一条　城市供水价格根据使用性质实行分类水价,遵循覆盖成本、合理收益、节约用水、公平负担的原则,以成本监审为基础,实行政府定价。城市居民生活用水实行阶梯水价制度,城市非居民用水实行超定额累进加价制度。

价格主管部门制定或者调整供水价格,应当按照价格听证的有关规定开展听证,并及时向社会公开制定或者调整价格的决定。

第三十二条　城市供水实行一户一表制度,装表到户、计量到户、抄表到户、收费到户、服务到户。结算水表应当检定合格后安装,并依法使用。用水人或者城市供水企业对结算水表计量有异议的,可以委托相关机构对结算水表进行检验,检验费用由委托方支付,但结算水表经检验不合格的,检验费用由城市供水企业承担,并免费为用水人更换合格的结算水表。用水人发现结算水表损坏的,应当及时告知城市供水企业。

城市绿化、环境卫生等用水人应当与城市供水企业协商,在指定位置设置结算水表。

消防供水设施实行专用,因城市绿化、环境卫生、应急用水确需通过消防专用供水设施用水的,应当征得城市供水企业的同意,并报所在地区县(自治县)消防救援机构备案。

第三十三条　城市供水企业应当及时通知用水人交纳水费。逾期不交纳的,城市供水企业可以进行催告,用水人应当按照合同约定缴纳水费并支付违约金。

## 第五章 节 水

第三十四条 各级人民政府应当推进节约用水,全面建设节水型城市。

单位和个人应当依法履行节约用水义务。

城市供水节水主管部门应当加强计划用水与定额管理。

第三十五条 城市供水节水主管部门应当结合本地区水资源承载能力,制定节约用水发展规划,并根据节约用水发展规划制定年度计划。

第三十六条 市、区县(自治县)人民政府在新区建设、旧城改造和市政基础设施建设时,应当按照相关规定配套建设雨水利用和再生水利用设施。

使用城市公共供水管网的新建、改建、扩建建设项目,应当制订节水措施方案,配套建设节水设施,节水设施应当与主体工程同时设计、同时施工、同时投产。

第三十七条 市级相关行业主管部门应当制订行业用水定额,从严控制钢铁、火力发电、选煤、洗浴、洗车、高尔夫球场、人工滑雪场、洗涤、宾馆、水上娱乐场所等高耗水行业用水定额,积极推广循环用水技术、设备与工艺,降低用水消耗,提高水的重复利用率。

第三十八条 城市供水节水主管部门应当建立使用城市供水的重点用水人名录,每年对重点用水人核定年度用水计划,实施超计划用水管理。

重点用水人应当建立健全计划用水、节约用水管理制度和统计台账,并根据城市供水节水主管部门要求,定期进行水平衡测试。

第三十九条　国家机关、事业单位、社会团体和其他社会组织应当建立和完善节水制度,强化节水管理,使用节水产品和设备,建设节水型单位。

加强居民节水用水宣传,鼓励居民节约用水、合理用水,建设节水型居民小区。

第四十条　鼓励使用再生水,提高再生水利用率。城市绿化、环境卫生等市政用水和生态景观、消防等用水,应当优先使用再生水等非常规水。

第四十一条　区县(自治县)城市供水节水主管部门应当建立健全城市供水管网漏损控制制度,完善漏损考核体系,不断提升城市供水管网漏损控制水平。

城市供水企业应当加强供水设施的维护管理,建立分区域计量系统,通过分区计量管理实施管网更新改造、漏损检测、智慧化管理等措施,严格控制城市供水管网漏损。

## 第六章　安全与应急管理

第四十二条　城市供水企业应当建立健全供水安全管理制度,加强对供水设施的巡查和经常性维护。

城市供水企业在维护或者抢修供水设施时,有关单位和个人应当予以支持和配合。

第四十三条　市、区县(自治县)人民政府应当加强饮用水水源管理,统筹建设城市供水备用水源或者应急水源。

备用供水或者应急供水水质、水量应当符合城市应急供水的要求。

第四十四条　城市供水节水主管部门应当制定城市供水应急预案,并报本级人民政府批准。

城市供水企业应当根据城市供水应急预案制定本企业的应急预案,配备必要的应急物资,并定期组织演练。

发生影响城市供水安全的突发事件时,市、区县(自治县)人民政府应当依法启动应急预案,有关部门和城市供水企业应当按照市、区县(自治县)人民政府的要求实施应急处置工作,采取有效措施,保障供水安全。

第四十五条　单位或者个人发现供水水质受污染或者不符合国家生活饮用水卫生标准的,应当及时向城市供水节水、卫生健康、生态环境部门或者城市供水企业报告。有关部门或者城市供水企业应当在接到报告后立即处理,必要时城市供水企业应当在两小时内到现场核实。按照城市供水应急预案的规定采取停止供水措施的,经所在地区县(自治县)城市供水节水主管部门、卫生健康部门检验合格后,城市供水企业方可恢复供水。

第四十六条　在供水设施的周围应当按照国家或者本市有关规定划定安全保护范围。

在安全保护范围内,禁止从事下列活动:

(一)建造永久性建(构)筑物;

(二)擅自修建临时性建(构)筑物和管线设施;

(三)挖坑取土或者倾倒弃土;

(四)打桩或者顶进作业;

(五)堆放有毒有害、易燃易爆物品;

(六)其他损坏供水设施或者危害供水设施安全的活动。

第四十七条　禁止擅自改装、拆除或者迁移供水设施。

因建设工程确需改装、拆除或者迁移供水设施的,建设单位应当在申请建设工程规划许可证前,报城市供水节水主管部门批准,并采取相应的补救措施。建设工程施工影响供水设施安全的,建设单位应当与城市供水企业商定相应的保护措施,并由施工单位负责实施,确保安全正常供水。

第四十八条　严重危害城市供水安全,造成或者可能造成较大面积停水的,城市供水节水主管部门应当责令停止侵害,并依法采取应急措施,排除险情,所发生的费用由责任人承担。

## 第七章　法律责任

第四十九条　政府和有关部门及其工作人员违反本条例规定的,由有权机关责令改正或者通报批评;情节严重的,对负有责任的领导人员和直接责任人员依法给予处分。

第五十条　违反本条例规定,有下列行为之一的,由城市供水节水主管部门责令其停止违法行为,限期改正,处五万元以上十万元以下罚款:

（一）未经审查新建、改建、扩建城市供水工程的；

（二）二次供水设施未配套建设或者未与主体工程同时设计、同时施工、同时投入使用的；

（三）使用城市公共供水管网的新建、改建、扩建建设项目，未制订节水措施方案的，或者节水设施未与主体工程同时设计、同时施工、同时投产的；

（四）在供水设施安全保护范围内，从事损坏供水设施或者危害供水设施安全活动的；

（五）擅自改装、拆除或者迁移供水设施的。

第五十一条　城市供水企业违反本条例规定，有下列行为之一的，由城市供水节水主管部门责令限期改正，处一万元以上五万元以下罚款；情节严重的，报经市或者区县（自治县）人民政府批准，可以责令停业整顿；对负有直接责任的主管人员和其他直接责任人员，其所在单位或者上级机关可以给予处分：

（一）未对供水设施定期进行检修、清洗和消毒，确保其正常、安全运行的；

（二）擅自停止供水或者未提前二十四小时通知用水人的；

（三）发生灾难、紧急事故等造成停水时未立即抢修，抢修的同时未通知用水人或者未报告城市供水节水主管部门的；

（四）未根据城市供水应急预案制定本企业的应急预案、配备必要应急物资的，或者未定期组织演练的。

第五十二条　城市供水企业、二次供水设施维护管理单位违反本条例规定,有下列行为之一的,由卫生健康部门责令限期改正,处两千元以上两万元以下的罚款:

(一)未依法取得卫生健康部门颁发的卫生许可证的;

(二)安排有碍饮用水卫生的疾病患者或者病原携带者直接从事供水、管水工作的。

第五十三条　违反本条例规定,有下列行为之一的,由城市供水节水主管部门、卫生健康部门按照职责责令限期改正,处一万元以上五万元以下的罚款;情节严重的,报经市或者区县(自治县)人民政府批准,可以责令停业整顿;对负有直接责任的主管人员和其他直接责任人员,其所在单位或者上级机关可以给予处分:

(一)供水水质、水压不符合国家规定标准的;

(二)未按照国家和本市规定对原水、出厂水、管网水、管网末梢水水质进行检测,未报送水质检测结果,或者未公布水质信息的。

第五十四条　二次供水设施维护管理单位违反本条例,有下列行为之一的,由城市供水节水主管部门责令限期改正,处五千元以上两万元以下罚款:

(一)擅自停止供水或者未提前二十四小时通知用水人的;

(二)发生灾难、紧急事故等造成停水时未立即抢修,抢修的同时未通知用水人或者未报告城市供水节水主管部门的;

(三)未建立水质管理制度,未按照规定进行水质检测或者对各类储水设施清洗消毒的。

第五十五条　用水人违反本条例规定,有下列行为之一的,由城市供水节水主管部门责令限期改正,补交水费,处应当补交水费三倍以上五倍以下的罚款。情节严重的,经市或者区县(自治县)人民政府批准,可以在一定时间内停止供水:

(一)绕过结算水表取水或者采用其他方式盗用供水的;

(二)擅自在城市供水管网上直接装泵加压取水的;

(三)擅自向其他单位或者个人转供城市供水的。

第五十六条　供水企业未按国家规定的水质、水压等标准安全供水,造成用水人损失的,应当依法承担赔偿责任。

## 第八章　附　　则

第五十七条　本条例有关用语含义:

(一)城市供水用水节水,是指城市供水工程管网覆盖范围内的供水用水节水。

(二)阶梯水价,是指居民用水在一定标准基础上,按不同梯次制定的不同用水价格。

(三)一户一表,是指由城市供水企业直接将出户的结算水表安装到每一户住宅,城市供水企业直接对每一户住宅抄表计费。

(四)供水设施,是指自来水处理厂和供水专用取水井、水池、深井、引水管道、输配管网、闸阀、窨井、公用给水站、房屋水箱及其他供水设施。

（五）二次供水，是指集中式供水在入户之前经再度储存、加压和消毒或者深度处理，通过供水管道或者容器输送给用水人的供水方式。

（六）二次供水设施，是指为二次供水设置的水池（箱）、水泵、阀门、电控装置、消毒设备、压力容器、供水管道等设施。

（七）水平衡测试，是指对用水单元或者用水系统的水量进行系统的测试、统计、分析得出水量平衡关系的过程。

（八）再生水，是指污水经过适当处理后，达到一定的水质标准，满足某种使用要求，可以再次利用的水。

（九）非常规水，是指不同于常规地表水和地下水的水源，经处理后可以利用或者在一定条件下可以直接利用的集蓄雨水、废污水、矿井水等。

第五十八条　本条例自2022年12月1日起施行。1999年5月28日重庆市第一届人民代表大会常务委员会第十六次会议通过的《重庆市城市供水节水管理条例》同时废止。

**重庆市人民政府**
**关于《重庆市城市供水节水**
**条例(修订草案)》的说明**

——2022年6月7日在市五届人大常委会第三十四次会议上

市城市管理局局长 谢礼国

市人大常委会：

我受市人民政府委托，现就《重庆市城市供水节水条例(修订草案)》(以下简称《修订草案》)作如下说明。

## 一、立法的必要性

城市供水节水直接关系到人民群众的生命健康和生活质量，关系到经济社会可持续发展。习近平总书记提出"民生为上，治水为要""节水优先、空间均衡、系统治理、两手发力"的新时代治水方针。党的十九大报告明确指出，保障和改善民生要抓住人民最关心最直接最现实的利益问题。"放管服"改革和优化营商环境都对城市供水节水工作提出了新的更高要求。现行《重庆市城市供水节水管理条例》(以下简称《条例》)中的供水规划与建设、二次供水管理体制、安全与应急管理等已不适应新形势新任务的需要。因此，有必要对现行《条例》进行修订。

## 二、起草审查过程和主要内容

市城市管理局于2021年12月完成立法起草工作，提请市政府审查。市司法局按照立法程序和审查规范进行了全面审查：一是通过市政府网站公开征求了社会各界意见；二是书面征求了各区县政府、市政府各部

门、相关行业协会、城市供水企业、重点用水人的意见;三是深入水厂、重点用水单位、居民小区进行实地调研,听取人民群众和相关企业意见;四是召开相关市级部门、区县政府和专家学者论证会。在审查论证过程中,共收到反馈意见建议159条,经认真梳理研究,采纳合理意见建议96条,各方意见已达成共识。在学习借鉴广州、厦门等地相关立法经验的基础上,经过反复研究和论证修改,并于2022年4月28日经市第五届人民政府第180次常务会议审议通过后,形成了提请审议的《修订草案》。

《修订草案》共57条,在现行《条例》的基础上修改31条、删除14条、新增26条。主要修订内容如下。

(一)规范供水用水。为切实保障水质和用水人权益,一是完善了供水规划和建设、特许经营、供水企业经营和服务等全链条行为规范;二是从我市实际出发,进一步理顺了二次供水管理体制,对二次供水设施建设、维护和管理进行了全面规范;三是规范了用水人权利义务,以及供水价格、计量和水费交纳等内容。

(二)促进节约用水。为提高水资源利用效率,建设节水型城市,一是明确制定节约用水发展规划,实行节水设施与主体工程"三同时"制度;二是对重点用水人实行计划用水与定额管理,并对高耗水行业提出要求;三是要求开展节水型单位和居民小区建设;四是鼓励使用再生水等非常规水源,严格控制管网漏损。

(三)强化安全管理。为保护供水设施安全,确保正常供水,一是对突发事件的安全与应急处置机制作出了规定；二是对安全保护区、供水设施迁改等进行了规范。

**三、需要说明的问题**

（一）关于修订重点。按照"小切口"立法要求，《修订草案》坚持问题导向，一是重点修改和删除了与《中华人民共和国民法典》、"放管服"改革和优化营商环境要求不相符的内容；二是对二次供水、用水、节水和安全与应急管理等内容分别用专章予以规范；三是对上位法已有规定内容未作重复。

（二）关于法律责任。按照《中华人民共和国立法法》《中华人民共和国行政处罚法》要求，《修订草案》对国家法律法规中已有明确规定的法律责任未作重复，经充分论证、征求意见，对《城市供水条例》规定了罚款但未明确罚款幅度的进行了明确，对部门规章设定罚款幅度过低的进行了调整，对涉及二次供水等方面的违法行为按照立法权限设定了相应法律责任。

综上所述，《修订草案》内容合法、措施可行、切合实际，未创设行政许可、行政强制，无违反公平竞争的内容，将社会主义核心价值观内容融入法条中，法律责任设定符合立法权限。

《修订草案》连同以上说明，请一并审议。

# 重庆市人大城乡建设环境保护委员会关于《重庆市城市供水节水条例(修订草案)》审议意见的报告

——2022年6月7日在市五届人大常委会第三十四次会议上

市人大城乡建设环境保护委员会主任　屠锐

市人大常委会：

重庆市第五届人民代表大会城乡建设环境保护委员会于2022年5月20日召开第二十一次全体会议，对市人民政府提请市人大常委会审议的《重庆市城市供水节水条例(修订草案)》(以下简称《修订草案》)进行了审议。现将审议意见报告如下。

## 一、修订的必要性

一是落实习近平总书记关于供节水工作重要指示的需要。城市供水节水工作，事关城市运行安全，事关广大人民群众的切身利益。习近平总书记2014年3月在中央财经领导小组第五次会议上明确提出了"节水优先、空间均衡、系统治理、两手发力"的治水方针。2019年4月，习近平总书记在考察重庆并主持召开解决"两不愁三保障"突出问题座谈会上指出，"饮水安全要有保障，让农村人口喝上放心水，统筹解决饮水安全问题。西北地区重点解决有水喝的问题，西南地区重点解决储水、供水和水质达标问题"。我市虽有长江、嘉陵江、乌江"三江"过境，但人均水资源量仅为1700立方米，低于全国人均水资源量，且水资源分布存在时空上的不均，渝西地区人均水资源量为876立方米，属于重度缺水地区，水资源短缺已经成为生态文明建设和经济社会可持续发展的瓶颈制约。为了落实习近平总书记的重要指示要求,保障城市生活、生产用水,推动全社会节约用水,有必要修订《重庆市城市供水节水管理条例》(以下简称《条例》)。

二是落实上位法和"放管服"改革的需要。现行《条例》于1999年颁布施行,虽然经过四次修正,但未进行全面修订。2020年3月国务院修订了《城市供水条例》,删除了"未按规定缴纳水费,经县级以上人民政府批准可以停止供水"的规定。《中华人民共和国长江保护法》明确规定,长江流域县级以上地方人民政府应当加强节水型城市和节水型园区建设。为落实法律、行政法规要求,有必要修订《条例》。同时,近年来,国务院和我市相继取消和下放行政许可、行政审批事项。在供水节水方面取消了城市规划区地下取水许可,新建、改建、扩建二次供水企业审查许可等系列行政许可和审批,政府职能由前置许可审批向监管服务转变,这些改革也要求对《条例》作相应修订。

三是依法规范我市城市供水节水工作的需要。随着我市经济社会的不断发展,城市供水节水工作也面临不少新情况新问题。比如,供水规划和建设、特许经营、供水企业经营和服务等全链条行为亟须规范完善,二次供水管理体制有待理顺,二次供水设施建设、维护和管理需进一步规范。城市供水节水还存在价格机制不够完善、供水水质保障措施需要强化、节水工作有待加强等问题。为解决这些问题,我市在城市供水节水管理工作中总结探索出的一些经验和做法需要通过修订地方性法规予以固化。

## 二、《修订草案》的形成过程和委员会的原则性意见

市城市管理局于2021年12月完成文本起草工作,提请市政府审查。市司法局按照立法程序和审查规范进行了全面审查。其间委员会安排专人提前介入,全程参与《修订草案》的起草、调研、论证过程,提出了修改意见。4月28日,市政府常务会议审议通过了《修订草案》。《修订草案》共57条,在现行《条例》的基础上修改31条,删除14条,新增26条。

委员会认为,《修订草案》贯彻落实了习近平总书记重要指示精神、法律法规规定和"放管服"改革要求,学习借鉴了外地立法经验,总结吸收了我市实践经验,内容合法、措施可行、切合实际,未创设行政许可、行政强制,无违反公平竞争内容,将社会主义核心价值观融入法条中,法律责任设定符合立法权限,建议提请市五届人大常委会第34次会议审议。

## 三、具体修改意见

为协助市人大常委会做好审议相关工作,委员会落实新冠疫情防控要求,将《修订草案》文本发送市政府相关部门、市人大常委会部分基层立法联系点、部分区县人大常委会、部分市人大代表、部分市人大常委会立法咨询专家等广泛征求意见;市人大常委会分管领导率队实地调研并召开由供水企业、用水大户、二次供水企业、自建设施供水单位代表参加的座谈会,认真听取意见。综合各方意见,提出如下具体修改意见。

(一)关于供水主体。《修订草案》第十条第一款规定,城市供水服务主要由城市供水企业提供。城市供水范围内应当逐步取消单位自建生活设施供水。国务院《城市供水条例》明确的城市供水主体既包括城市供水企

业，也包括自建设施对外供水的企业。调研中发现，有的自建设施供水企业，不仅承担了本企业的供水服务，还给周边未接入城市供水管网的居民提供供水服务。在地方立法中规定逐步取消自建设施供水，既与上位法的规定不一致，也不符合实际需要。为此，建议删除《修订草案》第十条第一款，并在附则中增加一条："第五十七条　单位自建生活设施供水管理，参照本条例规定执行；国务院《城市供水条例》有规定的，从其规定。"原五十七条改为五十八条。

（二）关于二次供水设施维护责任划分问题。二次供水设施的管理维护一直是群众关心的热点问题，《修订草案》回应群众期盼，对二次供水设施的维护责任从"新建"和"现有"两方面进行了划分。即对居民小区新建、改造的二次供水设施，规定了由城市供水企业负责维护管理，对现有住宅二次供水设施，则鼓励委托城市供水企业负责维护管理（《修订草案》第二十一条）。有意见认为，《修订草案》对新建、改造的二次供水设施统一交由城市供水企业进行维护管理的规定，与《中华人民共和国民法典》相关规定不符。《中华人民共和国民法典》第二百八十四条规定，"业主可以自行管理建筑物及其附属设施，也可以委托物业服务企业或者其他管理人管理"。我委认为，二次供水设施作为建筑物附属设施，业主既可以委托城市供水企业维护管理，也可以自行维护管理。虽然实践中，新建、改造的二次供水设施一般都交由城市供水企业维护管理，但也应尊重业主的自由选择权，不宜在法规中作出排他性规定。为此，我委建议，将《修订草案》第二十一条第二款修改为"居民小区新建、改造的二次供水设施经验收合格后交由城市供水企业维护管理的,应当签订协议,约定双方权利义务。鼓励居民小区将现有的二次供水设施委托给城市供水企业进行维护管理"。

(三)关于高耗水行业的管理问题。修订草案第三十六条、第三十八条规定用水定额管理及高耗水行业管理,内容有交叉和重复,建议两条合并,修改为:"第三十六条 市级相关行业主管部门应当制订行业用水定额,从严控制钢铁、火力发电、石油炼制、选煤、洗浴、洗车、高尔夫球场、人工滑雪场、洗涤、宾馆、水上娱乐场所等高耗水行业用水定额,积极推广循环用水技术、设备与工艺,降低用水消耗,提高水的重复利用率。"需要说明的是,虽然选煤业在我市越来越少,但短时间内仍将在一定区域内存在,且该行业已经被国家明确纳入高耗水行业清单,我委建议,保留《修订草案》有关选煤相关内容。

(四)关于用水人权益的保护问题。用水人按期足额缴纳水费,其用水权益应该得到充分保护。《修订草案》第五十四条规定了供水企业因供水水质、水压不符合国家规定标准的,给予罚款、责令停业整顿等法律责任,但对由此给用水人造成的损害缺少相应的法律责任。我委建议,借鉴我市供电、天然气等条例的有关规定,增加用水人权益受到损害的法律责任,建议在第五十四条增加一款:"供水企业未按国家规定的水质或者水压标准安全供水,造成用水人损失的,应当依法承担赔偿责任。"

(五)其他修改建议。

1.建设节水型城市,是贯彻落实习近平总书记关于节约用水重要指示精神和贯彻实施《中华人民共和国长江保护法》的具体举措，建议将第一条中的"保障城市生活、生产用水和其他用水，"修改为"保障城市生活、生产用水和其他用水，建设节水型城市"。

2.建议将第六条"推广先进技术，改善水质"中的"改善水质"一词删除。理由是改善水质并非推广先进技术的唯一目的。

3.建议将第十二条第一项中的"安全稳定"修改为"安全、稳定"。

4.建议将第十三条及二十二条中的"直接从事供、管水的"修改为"直接从事供水、管水的"。

5.第二十一条第一款规定内容的是二次供水设施的投用问题，而该条第二款、第三款规定的是二次供水设施的维护改造，调整的内容不属于一个范畴，建议将第一款调整到第二十条，作为该条第二款。

6.建议将第二十五条第二款中的"区县（自治县）卫生健康部门应当对本行政区域内的二次供水每年进行不少于一次的水质监测"修改为"区县（自治县）卫生健康部门应当对本行政区域内的二次供水水质进行定期抽检"。据统计，全市城市二次供水设施约6000多个，数量呈逐年上升趋势。调研中，市卫生健康委提出，根据国家卫健委每年发布的城乡饮用水水质监测工作方案，要求每年开展两期监测。2020年、2021年全市分别抽样监测319个、298个二次供水设施。面对大量的二次供水设施，每年至少进行一次水质监测无法落实。为此，修改为定期抽检，更符合实际。

7.建议将第三十一条第二款"设置结算水表计量收费"中的"收费"删除，理由是本条规定的是用水计量问题。

8.建议将第三十二条修改为"城市供水企业应当及时通知用水人缴纳水费,逾期不缴纳的,用水人应当按照合同约定支付违约金或承担其他责任。经催告用水人在合理期限内仍不支付水费并承担相应责任的……"。理由是支付违约金并不是唯一的违约责任承担形式,具体应承担何种违约责任应按照合同约定。

9.建议删去第三十五条第二款"节水设施应当与主体工程,同时设计"中的逗号。将"同时投产"修改为"同时投入使用"。

10.建议将第三十七条中的"定期对重点用水人核定年度用水计划"修改为"每年对重点用水人核定年度用水计划"。

11.建议将第五十一条第(二)项拆分为两项,原第(三)项改为第(四)项。修改后为:

(二)擅自停止供水或者未提前24小时通知用水人的;

(三)因发生灾难或者紧急事故造成停水时,未立即抢修,同时通知用水人,并报告城市供水节水主管部门的;

(四)未根据城市供水应急预案制定本企业的应急预案、配备必要应急物资的,或者未定期组织演练的。

理由:同一项中不宜再分成几个小项,不宜再用分号隔开,不同的事项分别列举更明确。

12.建议将第五十二条的两项拆分为四项。修改后为:

(一)擅自停止供水或者未提前24小时通知用水人的;

(二)因发生灾难或者紧急事故造成停水时,未立即抢修,同时通知用

水人,并报告城市供水节水主管部门的;

(三)未建立水质管理制度的;

(四)未按照规定进行水质检测或者对各类储水设施清洗消毒的。

13.建议将第五十三条修改为"供水企业、二次供水维护管理单位违反本条例规定……"。

14.建议将第五十五条中的"逾期未改正的,处应当补交水费3倍以上5倍以下的罚款;"修改为"逾期未改正的,处应缴水费三倍以上五倍以下的罚款"。

15.建议将第五十六条第七项中的"非常规水"修改为"非常规水源"。

16.建议按照立法技术规范的规定,将《修订草案》有关条款中的期限、金额、罚款数额等阿拉伯数字修改为汉字数字。

以上报告,请予审议。

# 重庆市人大法制委员会
# 关于《重庆市城市供水节水条例(草案)》
# 审议结果的报告

——2022年7月20日在市五届人大常委会第三十五次会议上

市人大法制委主任委员　陈　彬

市人大常委会：

我受市人大法制委员会的委托，现就《重庆市城市供水节水条例(草案)》的审议结果报告如下。

2022年6月，市五届人大常委会第三十四次会议对《重庆市城市供水节水条例(草案)》(以下简称草案)进行了初次审议。常委会组成人员普遍认为，为了规范城市供水、用水、节水，维护用水人和供水企业的合法权益，保障城市生活、生产和其他用水，建设节水型城市，推动高质量发展、创造高品质生活，制定条例很有必要。同时，常委会组成人员也提出了一些修改意见和建议。

会后，市人大法制委、常委会法制工委将草案推送给全体市人大代表、常委会立法咨询专家和部分基层立法联系点征求意见；公开征求了社会各界的意见；赴万州区、开州区开展立法调研，听取相关部门、企业、乡镇人民政府(街道办事处)以及人大代表、居民代表的意见建议。在梳理研究各方意见的基础上，市人大法制委会同市人大城环委、市司法局、市城管局对草案进行了修改。经2022年7月15日市五届人大法制委员会第五十三次会议审议，形成了提请本次常委会会议审议的《重庆市城市供水节水条例(草案)》(二次审议稿)(以下简称二次审议稿)。

## 一、关于适用范围

有的常委会组成人员认为,修订草案的适用范围是"城市供水用水节水工作及相关监督管理活动",部分乡镇使用城市供水管网进行供水,是否属于本条例的适用范围,建议予以明确。法制委员会采纳了该意见,在名词释义中增加规定"城市供水用水节水,是指城市供水工程管网覆盖范围内的供水用水节水(第五十七条第一项)"。

## 二、关于供水水源

有的常委会组成人员认为,水质与水源密切相关,建议增加有关供水水源管理的内容。法制委员会研究后认为,《重庆市水资源管理条例》对建立饮用水水源地名录、划定集中式饮用水水源地保护区等内容已经进行了较为全面的规定,为了突出水源管理工作,二次审议稿增加了原则性规定,表述为"市、区县(自治县)人民政府应当加强饮用水水源管理(第四十三条)"。

## 三、关于保障用水人合法权益

有的常委会组成人员和市人大城环委认为,鉴于城市供水主体经由特许经营的方式进行确定,有必要进一步规范供水主体的相关工作,切实保障用水人合法权益。法制委员会采纳了该意见,作了三个方面的规定,一是强化信息公开,要求城市供水节水主管部门,应当公开特许经营项目的实施方案、特许经营协议、服务标准等信息(第十一条)。城市供水企业应当公开水价政策、收费标准等信息(第十三条第五项)。二是完善水质检测制度,要求城市供水企业应当按照国家和本市规定的检测项目、频

次、方法和标准开展水质检测(第十七条),同时,城市供节水主管部门应当对原水、出厂水、管网水、管网末梢水的水质加强监督管理(第十八条第一款)。三是加强应急管理,卫生健康部门发现饮用水污染危及人体健康的,应当立即采取应急措施(第十八条第二款)。

**四、关于其他修改**

根据常委会组成人员和市人大城环委的意见,二次审议稿还进行了如下修改:一是增加了"建立健全城市供水管网漏损控制制度""完善漏损考核体系"的规定(第四十一条)。二是新增"供水企业未按国家规定的水质或者水压等标准安全供水,造成用水人损失的,应当依法承担赔偿责任"的规定(第五十六条)。三是对"阶梯水价"等名词含义予以说明(第五十七条)。

此外,二次审议稿还对部分文字进行了修改,对部分条文顺序进行了调整。

二次审议稿连同以上报告,请一并审议。

# 重庆市人大法制委员会
# 关于《重庆市城市供水节水条例(草案)》
# 修改情况的报告

——2022年7月22日在市五届人大常委会第三十五次会议上

市人大法制委主任委员　陈　彬

市人大常委会：

我受市人大法制委员会的委托,现就《重庆市城市供水节水条例(草案)》的修改情况报告如下。

2022年7月20日,市五届人大常委会第三十五次会议对《重庆市城市供水节水条例(草案)》(二次审议稿)(以下简称二次审议稿)进行了审议。常委会组成人员普遍认为,二次审议稿已经比较成熟,建议提请本次常委会会议表决。同时,常委会组成人员也提出了一些修改意见和建议。

分组审议后,市人大法制委、常委会法制工委会同市人大城环委、市司法局、市城管局对审议意见进行了研究,对二次审议稿作了相应修改。经2022年7月21日市五届人大法制委员会第五十四次会议审议,形成了提请本次常委会会议表决的《重庆市城市供水节水条例(草案)》(表决稿)(以下简称表决稿)。

有的常委会组成人员认为,二次审议稿第十四条第二款和第二十三条第二款分别对城市供水企业和二次供水设施管理维护单位中直接从事供水、管水的人员作了相应要求,但两者的要求不一致,建议作出统一的要求。法制委员会采纳了该意见,将二次审议稿第二十三条第一款、第二款合并为一款，要求二次供水设施管理维护单位中"直接从事供水、管水的人员应当符合本条例第十四条第二款的规定"。

有的常委会组成人员认为，停水后不能及时恢复供水的，有关方面应当为用水人提供应急供水。法制委员会采纳了该意见，结合工作实际，在表决稿第二十条增加了相关要求，表述为："超过二十四小时仍不能恢复供水的，城市供水节水主管部门应当组织应急供水，保证居民基本生活用水。"

此外，表决稿还对部分文字进行了修改，对部分条文顺序进行了调整。

表决稿如获本次常委会会议通过，建议自2022年12月1日起施行。

表决稿连同以上报告，请一并审议。

# 重庆市城市管理局
# 关于印发学习宣传贯彻《重庆市城市供水节水条例》实施方案的通知[*]

各区县(自治县)城市管理局,两江新区、万盛经开区城市管理局,西部科学城重庆高新区城市管理局、综合执法局,市城市管理局机关各处室,市城市管理综合行政执法总队、局各直属单位,有关单位:

《重庆市城市管理局学习宣传贯彻〈重庆市城市供水节水条例〉实施方案》已经2022年9月28日市城市管理局2022年度第16次会议审议通过,现印发给你们,请认真贯彻落实。

各区县、各处室、各单位要切实加强组织领导,提高政治站位,深刻理解《重庆市城市供水节水条例》(以下简称《条例》)颁布施行的重要意义,领会精神实质,把握基本内涵,采取有效措施推动各项规定落地落实;要进一步规范城市供水、用水、节水,维护用水人和供水企业的合法权益,保障城市生活、生产和其他用水;要通过学习培训和广泛宣传,引导广大市民遵守《条例》规定,养成节约用水良好习惯,建设节水型城市,推动高质量发展、创造高品质生活。各区县、各处室、各单位学习宣传贯彻情况请分别于2022年12月31日、2023年11月30日前反馈给市城市管理局政策法规处,其中,《实施方案》确定牵头的重点任务牵头单位需单独反馈落实情况。联系人:周辉,联系电话(传真):67889894,电子件请传至QQ邮箱:1031794417。

重庆市城市管理局<br>
2022年9月30日

---

[*]重庆市城市管理局文件(渝城管局〔2022〕98号)。

# 重庆市城市管理局学习宣传贯彻
# 《重庆市城市供水节水条例》实施方案

《重庆市城市供水节水条例》(重庆市人民代表大会常务委员会公告〔五届〕第195号,以下简称《条例》)已于2022年7月22日经重庆市第五届人民代表大会常务委员会第三十五次会议通过,自2022年12月1日起施行。为扎实做好《条例》学习宣传贯彻工作,特制定本方案。

## 一、时间

集中学习宣传贯彻时间为2022年9月至2023年12月。

## 二、主题

学习宣传贯彻《条例》,争创国家节水型城市。

## 三、主要措施

主要措施为"八个一"系列宣传活动。

(一)召开一次新闻发布会。邀请重庆日报、重庆电视台、重庆晨报、重庆晚报、华龙网、新华网、中新社等主流媒体参加通报介绍《条例》制定的背景、意义、亮点、特色等内容。会议议程主要包括(暂定):一是局领导介绍《条例》制定的基本情况,二是专家解读《条例》内容,三是答记者问。

实施时间:2022年9月22日

责任处室(单位):政策法规处、宣传教育处

配合处室(单位):供节水管理处、市城市供节水事务中心、市城市管理综合行政执法总队

(二)制作一部宣传片。利用多媒体技术制作《条例》专题宣传片。专题宣传片时长约2分钟,围绕《条例》制定的背景、意义、亮点、特色等内容进行宣传,同时制作一个时长10秒钟的配套宣传短片,主要发布《条例》正式施行内容。专题宣传片和宣传短片制作完成后,由责任处室牵头组织在市城市管理局、各区县(自治县)城市管理局机关的宣传屏幕、城市管理局官方网站、城市管理微信公众号、华龙网、上游新闻等媒体上滚动刊播,并适时在渝中区解放碑、大坪、江北区观音桥、沙坪坝区三峡广场等核心商圈、两江四岸夜景灯饰等场地滚动刊播。

实施时间:2022年10月—2023年4月

责任处室(单位):供节水管理处

配合处室(单位):宣传教育处、照明灯饰管理处、市城市供节水事务中心

(三)制定一系列配套政策文件。根据《条例》相关规定,研究制定出台一批配套政策文件,推动《条例》贯彻落实。

实施时间:2022年12月—2024年12月

责任处室(单位):供节水管理处

配合处室(单位):市城市供节水事务中心、市水务集团、市水投集团

## 《重庆市城市供水节水条例》配套政策文件清单

| 序号 | 配套政策文件 | 依 据 | 完成时限 | 牵头处室 | 责任单位 |
|---|---|---|---|---|---|
| 1 | 制定《重庆市供水行业特许经营管理办法》(暂定名) | 《重庆市城市供水节水条例》第十、十一、十二条 | 2024.12 | 供节水管理处 | 市供节水事务中心 |
| 2 | 制定《重庆市城市供水行业信息公开办法》(暂定名) | 《重庆市城市供水节水条例》第十三、十六条 | 2023.12 | 供节水管理处 | 市供节水事务中心 |
| 3 | 制定《重庆市城市管理局关于加强城市供水服务的指导意见》(暂定名) | 《重庆市城市供水节水条例》第十五条 | 2023.12 | 供节水管理处 | 市供节水事务中心、市水务集团、市水投集团 |
| 4 | 修订《重庆市城市供水接入"一站式"服务细则》(暂定名) | 《重庆市城市供水节水条例》第十五条 | 2023.12 | 供节水管理处 | 市供节水事务中心 |
| 5 | 修订《重庆市城市管理局关于加强城市供水水质管理的指导意见》(暂定名) | 《重庆市城市供水节水条例》第十七、十八条 | 2023.03 | 供节水管理处 | 市供节水事务中心 |
| 6 | 制定《重庆市城市管理局关于加强水质检测结果应用的指导意见》 | 《重庆市城市供水节水条例》第十七、十八条 | 2023.01 | 供节水管理处 | 市供节水事务中心 |
| 7 | 制定《重庆市城市供水水质管理办法》(暂定名) | 《重庆市城市供水节水条例》第十八条 | 2023.12 | 市供节水事务中心 | 供节水管理处 |
| 8 | 修订《重庆市城市管理局关于加强停水管理的通知》(暂定名) | 《重庆市城市供水节水条例》第十八条 | 2022.12 | 供节水管理处 | 市供节水事务中心 |

续表

| 序号 | 配套政策文件 | 依据 | 完成时限 | 牵头处室 | 责任单位 |
|---|---|---|---|---|---|
| 9 | 制定《重庆市城市管理局关于加强饮用水二次供水管理的指导意见》(暂定名) | 《重庆市城市供水节水条例》第二十一、二十二、二十三、二十四、二十五、二十六条 | 2024.12 | 供节水管理处 | 市供节水事务中心、市水务集团、市水投集团 |
| 10 | 制定《重庆市城市管理局关于加强非常规水资源利用的指导意见》(暂定名) | 《重庆市城市供水节水条例》第四十条 | 2023.12 | 市供节水事务中心 | 供节水处、市水务集团、市水投集团 |
| 11 | 制定《重庆市城市管理局关于加强公共供水管网漏损控制的指导意见》(暂定名) | 《重庆市城市供水节水条例》第四十一条 | 2023.12 | 市供节水事务中心 | 供节水处、市水务集团、市水投集团 |
| 12 | 制定《重庆市市政绿化和消防用水管理规定》(暂定名) | 《重庆市城市供水节水条例》第三十二条 | 2023.12 | 市供节水事务中心 | 供节水处、市水务集团、市水投集团 |
| 13 | 制定《重庆市城市管理局关于加强城市应急供水管理的指导意见》(暂定名) | 《重庆市城市供水节水条例》第四十三、四十四条 | 2024.06 | 市供节水事务中心 | 供节水管理处 |
| 14 | 制定《重庆市城市供水设施安全保护细则》(暂定名) | 《重庆市城市供水节水条例》第四十六、四十七、四十八条 | 2023.12 | 供节水管理处 | 市供节水事务中心、市水务集团、市水投集团 |
| 15 | 制定《重庆市城市供水赔偿实施办法》(暂定名) | 《重庆市城市供水节水条例》第五十六条 | 2024.12 | 供节水管理处 | 市供节水事务中心、市水务集团、市水投集团 |

（四）举办一系列主题宣传活动。一是2022年12月1日，在九龙坡区举行全市学习宣传贯彻《条例》的启动仪式，并请市城市管理局领导讲话。二是在解放碑、两路口、新牌坊、观音桥、中华坊等10余处公交站台发布创建国家节水型城市公益广告，宣传供水节水相关知识；三是梳理《条例》宣传点，与华龙网等媒体合作，制作宣传图解，将《条例》重点要点内容以图示图解形式向受众展现，同时通过市级主流媒体宣传，扩大其覆盖面和影响力，强化社会面宣传造势。四是利用"三月法治宣传月"、"3·19"城市管理服务主题宣传周、法定节假日等契机，举办一系列较大规模的宣传活动，通过印发《条例》单行本，开展短视频大赛、摄影大赛、有奖知识竞赛，以及展板展示、现场答疑、发放宣传资料等宣传形式，让《条例》知识走进市民生活。

实施时间：2022年10月—2023年6月

责任处室（单位）：市城市供节水事务中心

配合处室（单位）：政策法规处、宣传教育处、供节水管理处、广告设置管理处

（五）举办一次水厂开放日活动。围绕《条例》颁布施行和水厂开放日相关要求，举办一次自来水厂开放日活动。分别在市水务集团所属渝北区悦来水厂、市水投集团所属高新区大学城水厂以及新江大水厂组织自来水厂开放日活动，组织市民参观水厂，宣讲自来水相关知识，并在水厂布置《条例》修订相关宣传展板，发放宣传资料。参加开放日活动的市民可通过城市管理微信公众号信息自愿报名和区县城市管理局推荐相结合

方式确定。

实施时间:2023年1月—3月

责任处室(单位):供节水管理处、市供节水事务中心

配合处室(单位):宣传教育处、市水投集团、市水务集团

(六)开展一次微宣讲活动。针对行业管理人员、供水企业和广大用户等不同受众,分别制作《条例》修订的相关亮点、特色内容政策图解或者短片,通过微信群、城市管理微信公众号、供水企业营业大厅、供水企业微信公众号和网上营业厅等多渠道开展条例修订微宣讲活动,扩大条例宣传受众面,进一步营造学条例、用条例、守条例的浓厚氛围。

实施时间:2023年2月—5月

责任处室(单位):供节水管理处、市供节水事务中心

配合处室(单位):宣传教育处、政策法规处、市水投集团、市水务集团

(七)举办一期专题培训。组织各区县(自治县)城市管理局城市供水节水分管副局长、市政公用科(所)长、局机关和局直属单位相关人员,以及市城市管理综合行政执法总队相关人员,举办一期《条例》专题培训。

实施时间:2023年9月

责任处室(单位):政策法规处

配合处室(单位):供节水管理处、市城市供节水事务中心

(八)编辑出版发行一部《重庆市城市供水节水条例释义》。联合市人大城环委、市人大法制委、市人大常委会法制工委、市司法局,共同编辑《重庆市城市供水节水条例释义》,对条例内容逐条解释。出版发行后,分

送市领导、市级相关部门、各区县(自治县)城市管理部门和局直属各单位。

实施时间:2023年12月底前完成

责任处室(单位):政策法规处

配合处室(单位):供节水管理处、执法监督处、市城市供节水事务中心、市城市管理综合行政执法总队

附件:《重庆市城市供水节水条例》宣传要点

附件

## 《重庆市城市供水节水条例》宣传要点

为切实做好《重庆市城市供水节水条例》(以下简称《条例》)"八个一"系列学习宣传贯彻活动,根据《条例》修订的具体内容,制作宣传要点如下。

### 一、指导思想

坚持以习近平新时代中国特色社会主义思想为指导,贯彻落实习近平总书记关于"民生为上、治水为要,节水优先、空间均衡、系统治理、两手发力"的新时代治水方针的重要论述,规范城市供水、用水、节水,保障城市生活、生产和其他用水需求,充分利用各类媒体、媒介,开展广覆盖、立体式的《条例》修订宣传,让行业管理人员、城市供水企业和广大用水人充分认识到《条例》修订的意义,增强法纪意识,明确责任、权利、义务,营造学《条例》、用《条例》、守《条例》的良好氛围,掀起学习《条例》高潮,确保条例各项规定能够落到实处,突出城市供水的生命线工程定位、民生工程属性、经济运行基础保障和节水型城市创建等,推动实现高质量发展、创造高品质生活。

### 二、宣传主题

规范城市供水节水行为,提升城市供水品质。

主要围绕供水工程是生命线工程、强化民生保障、确保城市供水为城市经济活动提供保证、提高水资源利用效率等四大核心内容开展宣传。

## 三、宣传要点

主要从以下4个方面进行宣传。

(一)围绕供水工程是生命线工程,突出以下2个宣传要点。

1.供水设施规划。《条例》从顶层设计上明确供水节水重要作用,并在规划上应当予以保障。具体规定有:市、区县人民政府应当将城市供水节水工作纳入国民经济和社会发展计划,同时全市应当结合本市经济社会发展需要,按照统一规划、合理布局的原则。同时明确市城市管理部门编制中心城区供水专项规划,经市规划自然资源部门综合平衡后报市人民政府批准,并纳入国土空间规划。中心城区以外的区县城市供水节水主管部门负责编制本行政区域城市供水专项规划,经区县规划自然资源部门综合平衡后报区县人民政府批准,并纳入区县国土空间规划。(第一章第四条、第二章第八条)

2.设施安全保护。《条例》强化了供水设施保护,为供水设施运行提供保证。明确禁止事项:在供水设施的周围应当按照国家或者本市有关规定划定安全保护范围。在安全保护范围内,禁止从事下列活动:建造永久性建(构)筑物;擅自修建临时性建(构)筑物和管线设施;挖坑取土或者倾倒弃土;打桩或者顶进作业;堆放有毒有害、易燃易爆物品;其他损坏供水设施或者危害供水设施安全的活动。同时强化设施迁改审批规定:禁止擅自改装、拆除或者迁移供水设施。因建设工程确需改装、拆除或者迁移供水设施的,建设单位应当在申请建设工程规划许可证前,报城市供水节水主管部门批准,并采取相应的补救措施。建设工程施工影响供水设施安全的,建设单位应当与城市供水企业商定相应的保护措施,并由施工单位负责实施,确保安全正常供水。规定应急措施:严重危害城市供水安全,造成或者可能造成较大面积停水的,城市供水节水主管部门应当责令停止侵害,并依法采取应急措施,排除险情,所发生的费用由责任人承担。(第六章第四十六条、第四十七条、第四十八条)

(二)围绕城市供水的民生工程属性,突出以下6个宣传要点。

1.供水民生保障。条例为确保市民用水基本民生得以保障,明确对供水企业义务作出规定。具体规定有:包括保障安全、稳定、不间断供水;供水水质符合国家生活饮用水卫生标准;按照规定设置供水管网测压点,确保供水水压符合规定的标准;安装的结算水表符合国家计量规定,并定期检定、维修和更换;建立经营服务信息公开制度,公开水价政策、收费标准等相关信息;建立查询专线和投诉处理机制,及时答复、处理用水人反映的供水问题等(第二章第十三条);

2.供水接入服务。《条例》着眼优化营商环境,进一步优化供水接入,提升用水便利性。具体规定有:城市供水企业应当为用水人建立方便、快捷的服务系统,并与政务服务平台相连接,主动公开办事指南、材料清单、承诺时限信息,提供咨询、指导、协调等便民服务,优化服务流程,提高服务质量。城市供水接入实行一网通办,依托政务服务平台,推动线上、线下服务融合。(第二章第十五条)

3.水质监督管理。为进一步提升城市供水水质,《条例》对水质自检与监督作出规定。具体规定有:城市供水企业应当建立健全水质检测制度,

加强水质检测能力建设,按照国家和本市规定的检测项目、频次、方法和标准,对原水、出厂水、管网水、管网末梢水进行水质检测,确保供水水质符合国家生活饮用水卫生标准。城市供水节水主管部门应当对原水、出厂水、管网水、管网末梢水的水质加强监督管理。区县(自治县)城市供水节水主管部门应当定期对本行政区域内城市供水水质实施检测,市城市供水节水主管部门应当对全市的城市供水水质进行抽查。抽查和检测结果应当向社会公布。(第十七条、第十八条)

4.规范二次供水。对直接关系市民用水、群众关注度高的二次供水从建设改造和运行监管两个方面作出规范规定,保障市民权益。(第三章)

5.用水权利保障。《条例》为维护用水人权利,专条明确用水人权利。具体规定有:连续稳定用水;使用符合国家生活饮用水卫生标准的水;查询用水业务办理、用水量、水质、水价和水费信息;对供水服务有异议的,可以向城市供水企业、二次供水设施维护管理单位或者所在地区县(自治县)城市供水节水主管部门及其他有关部门投诉;法律法规规定的其他权利。为规范市场公平同时明确用水人义务:用水人应当按照《城市供用水合同》,根据结算水表显示水量和价格主管部门确定的水价标准按时足额缴纳水费。不得有以下行为:绕过结算水表取水或者采用其他方式盗用供水;擅自在城市供水管网上直接装泵加压取水;擅自向其他单位或者个人转供城市供水;其他影响城市供水秩序的行为等。(第四章第二十八条、二十九条)

6.市民投诉办理。《条例》解决了市民用水投诉渠道问题,具体规定有:

明确城市供水企业应当建立投诉处理机制,设置供水服务热线,二十四小时接受用水人咨询、求助及投诉,并与政务服务热线联动;受理用水人咨询与投诉后应当在两小时内作出答复,并在五个工作日内处理完毕;对处理期限内不能解决的,应当向用水人说明原因,提出处理方案,并在承诺时限内处理完毕。(第四章第三十条)

(三)围绕城市供水为经济活动提供保证,突出以下3个宣传要点。

1.供水企业义务。为使城市供水能更好支撑、服务全市经济活动,《条例》对供水企业应尽义务、如何开展供水运行管理等作出规定。具体规定有:明确提出应当保障安全、稳定、不间断供水这一核心,同时建立供水设施、水质、水压以及用水人等供水、用水信息库,通过科学布置监测点、智能化管理和大数据分析等措施,及时监控供水设施、水质、水量、水压等动态运行信息。(第二章第十三条、第二章第十六条)

2.供水安全保障。《条例》对供水安全可靠性和停水管理作出专门规定。具体规定为:城市供水企业因工程施工、设备维修等原因确需停止供水的,应当经城市供水节水主管部门批准并提前二十四小时通知用水人。因发生灾害或者紧急事故不能提前通知的,应当在抢修的同时通知用水人,尽快恢复正常供水,并报告城市供水节水主管部门。(第二章第二十条)

3.赔偿制度建立。《条例》建立了赔偿制度。具体规定有:供水企业未按国家规定的水质、水压等标准安全供水,造成用水人损失的,应当依法承担赔偿责任。(第七章第五十六条)

(四)围绕提升水资源利用效率,突出以下5个宣传要点。

1. 节水规划制定。《条例》明确节水规划制定,从顶层设计上提升城市供水使用效率。具体规定有:应当结合本地区水资源承载能力,制定节约用水发展规划,并根据节约用水发展规划制定年度计划。(第五章三十五条)

2. 节水设施建改。《条例》强化节水设施改造和节水"三同时"制度。具体规定有:在新区建设、旧城改造和市政基础设施建设时,应当按照相关规定配套建设雨水利用和再生水利用设施。使用城市公共供水管网的新建、改建、扩建建设项目,应当制订节水措施方案,配套建设节水设施,节水设施应当与主体工程同时设计、同时施工、同时投产。(五章三十六条节)

3. 用水定额规定。《条例》明确了分级用水大户管理制度。具体规定有:制订行业用水定额,从严控制钢铁、火力发电、选煤、洗浴、洗车、高尔夫球场、人工滑雪场、洗涤、宾馆、水上娱乐场所等高耗水行业用水定额,积极推广循环用水技术、设备与工艺,降低用水消耗,提高水的重复利用率。(第五章三十七条)

4. 非常规水利用。《条例》鼓励非常规水使用。具体规定有:鼓励使用再生水,提高再生水利用率。城市绿化、环境卫生等市政用水和生态景观、消防等用水,应当优先使用再生水等非常规水。(第五章四十条)

5. 管网漏损控制。《条例》从管网漏损率入手,提升城市供水效率。主要规定有:建立健全城市供水管网漏损控制制度,完善漏损考核体系,不断提升城市供水管网漏损控制水平。城市供水企业应当加强供水设施的维护管理,建立分区域计量系统,通过分区计量管理实施管网更新改造、漏损检测、智慧化管理等措施,严格控制城市供水管网漏损。(第五章四十一条)

## 重庆市城市管理局关于
## 加强城市供水水质管理的指导意见[*]

各区县(自治县)城市供水主管部门,两江新区、重庆高新区、万盛经开区城市供水主管部门,各相关供水企业:

城市供水是城市最基本的公共服务产品,是城市发展、人民生活最基本、最核心的保障之一。为进一步提高我市城市供水水质管理水平,切实保障城市供水水质安全,现就加强我市城市供水水质管理工作提出如下意见。

### 一、总体要求

认真贯彻落实国务院《城市供水条例》和《重庆市城市供水节水管理条例》,按照《城市供水水质管理规定》(建设部令第156号)有关要求,加快构建系统完备、科学规范、运行高效的城市供水水质监管体系,进一步理清市、区县(自治县)行业主管部门监管职责,落实供水企业水质自检责任,逐步建立企业自检、行业监管、公众监督的水质安全全过程管理机制,切实保障城市供水水质安全,提高广大人民群众用水满意度,维护社会和谐稳定。

### 二、加强行业监管、落实属地责任

(一)市城市管理局

负责全市城市供水水质行业监管工作,指导区县(自治县)开展城市

---
[*]重庆市城市管理局文件(渝城管局发〔2020〕4号)。

供水水质监管工作;负责对重大水质事件调查、取证、分析和评估;对供水企业执行国家标准、规范、规程的情况进行监督;负责全市城市供水水质报告的编制和发布。

(二)区县(自治县)城市供水主管部门

按照属地原则负责辖区城市供水水质监管工作;负责依据相关技术规范和标准开展本辖区城市供水水质检测和监测工作,自身不具备技术条件的可委托具有相应能力的检测机构承担本辖区水质检测和监测技术工作;负责辖区一般水质事件调查、取证、分析和评估;对辖区供水企业执行国家标准、规范、规程的情况进行监督;负责本辖区城市供水水质报告的编制和发布;负责进入现场进行检查、水质抽样检测、定期汇总上报水质检测数据、编制水质报告、水质安全事故调查与处理等。

(三)水质检测行业监管要求

1.组织定期水质抽检。市城市管理局每年组织对全市各区县(自治县)城市供水水质进行抽检(包括原水、出厂水、管网水);各区县(自治县)城市供水主管部门按照全覆盖"应检必检"要求对辖区城市供水水厂实施定期水质监督检测,按照《城市供水水质标准》(CJ/T 206—2005)的要求对辖区出厂水42项指标、管网水7项指标每月检测不少于一次,对水厂出厂水106项指标每年检测不少于一次。各区县城市供水主管部门对辖区二次供水采用抽样监督检测(包括水箱式和无负压式),二次供水8项指标每半年抽样检测一次。

2.定期上报水质检测数据。各区县(自治县)城市供水主管部门应编制城市供水水质检测报告,整理分析水质检测数据,建立健全辖区水质监测台账,并将成果每月25号前报市供节水事务中心。市供节水事务中心汇总各区县(自治县)水质检测数据,形成汇总报告并经市城市管理局审核后上报国家水质监测中心。

## 三、严格企业自检、落实主体责任

供水企业应主动接受市、区县(自治县)两级城市供水主管部门的行业监管和技术指导,制定安全供水计划,规范操作、安全运行,提供优质可靠的供水保障;完善水质检测监测能力,建立健全水质自检制度,按要求开展日、月、季度、半年、年度水质检测及特殊检测监测等工作;定期上报水质检测数据、接受城市供水主管部门和公众监督;制定应急处理预案,加强水质应急处理。

(一)加强制水工艺管理、确保水质合格

供水企业要加强日常管理,制定安全供水计划、加强对供水设施定期巡查和维修保养,严格执行《城镇供水厂运行、维护及安全技术规程》(CJJ 58—2009)国家标准、规范,实施精细化管理,规范药剂投加、设施运行的操作规程,确保水质合格。供水企业使用的净水剂与制水有关材料应符合国家有关标准并经过检验,新建或改造的设施设备、供水管网应当进行严格清洗消毒,经具备相关检测能力的检测机构检验合格后,方可投入使用,确保水质安全。

(二)开展水质自检

供水企业要加强水质检测能力建设,建立健全水质自检制度,并按照《生活饮用水卫生标准》(GB 5749—2006)和《城市供水水质标准》(CJ/T 206—2005)的水质检测项目、检测频率、检测方法进行水质定期检测。其中:原水9项指标检测每日不少于一次,原水水质检测基本项目和补充项目29项指标每月不少于一次。出厂水9项指标检测每日不少于一次,常规指标检测42项指标每月不少于一次,106项指标全分析检测每半年不少于一次(如以地下水为原水的则每年开展一次)。管网水7项指标检测每月不少于两次。管网末梢水常规42项指标检测每月不少于一次。

(三)上报水质数据

供水企业要做好各项检测分析资料和水质报表存档工作,并严格执行水质报告制度。每月要将水质检测数据报辖区城市供水行政主管部门,属地城市供水行政主管部门审核后,报送市供节水事务中心汇总。

(四)提高水质监测能力

鼓励供水企业加大资金投入建设水质在线监测系统,及时掌握原水、出厂水、管网水、输配主要边界或者重点区域等供水环节的在线水质信息。供水企业要落实饮用水源地巡查制度,停水恢复供水的管网水、龙头水检测制度,并根据水源地水质变化、原水预处理工艺、水厂净水工艺提升、二次供水改造等需要开展专项监测。

## 四、建立水质信息公布制度、接受公众监督

(一)企业自检公示

供水企业要定期通过企业网站、官方媒体、企业客户服务大厅等形式定期公布有关水质信息,接受公众关于城市供水水质信息的查询。二次供水设施管理单位应及时将水质检测结果向供水区域内用户公示。

(二)行业监管公示

区县(自治县)城市供水行政主管部门每季度公布一次上季度出厂水、管网水相关指标及综合合格率。市城市管理局通过官方媒体、政府网站等每月公布一次上月抽检水厂出厂水、管网水相关指标及综合合格率。

(三)接受公众监督

供水企业应建立完善供水售后服务热线,畅通用水问题反映渠道,受理并及时处理用水户投诉。各区县(自治县)供水主管部门应加强对供水企业供水服务的监督管理,做好水质安全问题处理的跟踪督办工作。

## 五、完善应急预案、加强应急处置

(一)完善应急预案

城市供水主管部门要制定和完善城市供水水质突发事件应急预案,明确责任及分工,建立技术、物资、人员保障体系,加强城市供水反恐怖防范,定期组织应急实战演练,增强应对突发事件能力,形成有效的应急救援机制。

(二)加强应急处置

当出现供水水质异常和污染物质超标时,供水企业应立即启动应急

预案，采取有效应对处置措施并随时跟踪监测，同时要第一时间报告辖区城市供水主管部门。各区县（自治县）城市供水主管部门要主动联系辖区相关部门和单位，组织供水企业做好应急处置工作，对于重大水质污染事故应及时向辖区政府和上级主管部门报告，并做好公众宣传和舆论引导工作。

本指导意见从2020年11月10日开始施行。

重庆市城市管理局

2020年10月30日

（此件公开发布）

# 重庆市城市管理局关于
# 进一步加强城市停水管理工作的通知[*]

各区县(自治县)城市供水主管部门,两江新区、重庆高新区、万盛经开区城市供水主管部门,相关供水企业:

根据国务院《城市供水条例》和《重庆市城市供水节水管理条例》的相关规定,城市供水企业应当保持连续不间断供水。各级城市供水主管部门和供水企业要切实提高思想认识,坚持以人民为中心的发展思想,把提供量足、质优、服务好的供水保障作为履职尽责的基本要求。为提高城市供水的连续稳定性,进一步规范停水管理,认真执行计划性停水行政审批要求,现将有关工作要求通知如下:

## 一、严格分级管理,降低停水事件发生

(一)市级主管部门职责。

市城市管理局负责对全市城市停水管理工作进行行业监管和指导;负责审查中心城区跨区的计划性停水和中心城区范围内造成3万户居民以上连续停水24小时以上的计划性停水;指导区县城市供水主管部门和城市供水企业做好计划性停水宣传和应急供水保障准备工作;负责对违反停水管理工作要求,出现重大停水事故的查处。

(二)区县主管部门职责。

各区县(自治县)城市供水主管部门负责辖区内城市停水具体管理工作;中心城区各区城市供水主管部门负责办理辖区除市级审批范围以外

---

[*]重庆市城市管理局文件(渝城管局发〔2022〕14号)。

的计划性停水行政审批事项,中心城区以外区县城市供水主管部门负责辖区所有计划性停水行政审批工作;负责建立健全辖区计划性停水统计、报告和公告制度,完善停水管理台账;负责督促辖区供水企业按计划开展停水作业,协调组织应急抢修,做好停水期间的应急供水保障工作;对违反规定的停水事故按照职能职责移交有关部门进行查处。

(三)城市供水企业职责。

城市供水企业负责科学制定停水工作计划,严格落实计划性停水行政审批申报制;负责加强供水设施的维护保养和检查检修,及时高效处置突发停水事故;负责制定企业停水应急预案,做好停水宣传和停水期间的应急供水保障工作。

**二、根据停水原因,实施停水分类管理**

各级城市供水主管部门对不同类型的停水实施分类管理。按照城市停水原因,可以分为计划性停水和事故性停水两类。计划性停水是指因供水企业自身工程建设、设施设备维护检修和更新改造等原因引发的停水,或者由其他工程项目建设、电力保障等外部原因引发的停水。计划性停水须严格落实行政审批,供水企业要统筹年度工作安排,制定年度停水工作计划,着力压减停水次数,实施停水作业要提前24小时发布停水公告,制定停水工作方案和应急保障预案。事故性停水是指因水源水被污染、制水供水设施设备突发故障、供水管道爆管、供水设施遭第三方施工破坏等引发的停水。供水企业发现事故性停水后应立即组织抢修,在抢修的同时向辖区城市供水主管部门报告,辖区城市供水主管部门要及时

启动应急预案组织实施应急抢修,并落实分级上报和责任追究工作。

## 三、加强组织保障,提升管理水平

市城市管理局将加大对各区县城市供水主管部门停水管理工作的督办力度,对造成重大社会影响的停水事件将依法依规追究相关单位和负责人责任。

各区县(自治县)城市供水主管部门和城市供水企业要高度重视停水管理工作,加强对停水管理工作的组织领导,指定专人负责停水管理工作,严密组织实施停水管理工作。各区县(自治县)城市供水主管部门每年12月31日前全年停水计划落实情况、突发停水处置情况、停水管理工作情况和下一年计划性停水工作计划报市城市管理局,同时应加强与辖区相关执法部门的协同联动,共同做好城市供水设施的保护和执法工作,减少停水事故发生。

## 四、其他

本通知要求自2023年1月1日起施行,2020年4月29日印发的《重庆市城市管理局关于进一步加强城市停水管理工作的通知》同时作废。

附件:停水分类管理原则

重庆市城市管理局

2022年10月21日

(此件公开发布)

附件

## 停水分类管理原则

| 序号 | 停水类型 | 停水原因 | 管理原则 |
|---|---|---|---|
| 1 | 计划性停水 | 因自身工程建设、设施设备维护检修和更新改造等原因引发的停水，或者由其他工程项目建设、电力保障等外部原因引发的停水。 | 1.制定年度计划。城市供水企业每年底前对下年度的供水工程建设、设施设备维护检修和更新改造进行梳理汇总，科学制定停水工作计划，并报辖区城市供水主管部门。<br>2.停水次数要求。为提高城市供水的连续可靠性，每座城市自来水厂(含供区)每年因自身供水工程建设、设施设备维护检修和更新引发的计划性停水一般不超过2次。因其他工程建设、电力保障等外部原因造成的计划性停水，应根据情况科学统筹安排施工，减少停水次数。<br>3.行政审批。计划性停水实行行政审批制度，供水企业(维护管理单位)填报停水申请表格，上报停水工作方案，由城市供水主管部门进行审查，下达审查意见书，并督促供水企业(维护管理单位)按照计划实施停水作业。对造成1000户(含1000户)以下停水且不超过6小时的停水可简化行政审批流程，供水企业(维护管理单位)实施停水作业前须向辖区城市供水主管部门报告，并提前24小时通知用水单位和个人，可在实施完成后补办相关手续。<br>4.停水工作方案。包括停水期间作业内容、工序安排、停水影响范围、时间，停水期间的应急保障预案等。因其他工程项目建设、电力保障等非供水企业自身原因引发的计划性停水，还需提供相关单位文书等证明文件。计划性停水时间原则上不得超过24小时，应安排在每年高峰供水以外时间段实施，应避开节假日和重要会议活动等时段。 |

续表

| 序号 | 停水类型 | 停水原因 | 管理原则 |
|---|---|---|---|
| 2 | 事故性停水 | 因水源水被污染、制水供水设施设备突发故障、供水管道爆管，供水设施遭第三方施工破坏等引发的停水。 | 1.组织抢修。供水企业发现事故性停水后应立即组织抢修，在抢修的同时向辖区城市供水主管部门报告。根据管道口径，事故停水时间应当控制在：DN300以下抢修恢复供水时间原则上不超过6小时；DN300-DN700抢修恢复供水时间原则上不超过12小时；DN700以上抢修恢复供水时间原则上不超过24小时。<br>2.组织协调。辖区城市供水主管部门应在第一时间启动供水应急预案，赴现场督促指导供水企业实施应急抢修，做好应急临时供水准备工作，尽量减少停水时间和影响范围，同时协调辖区相关部门和单位做好配合工作。<br>3.分级上报。造成3万户以上居民停水或者可能导致停水超过24小时的重大或特大停水事故，辖区城市供水主管部门须立即向市级城市供水主管部门报告。 |

## 关于印发重庆市城市公共供水企业
## 信息公开实施细则的通知*

各区县(自治县)城市管理局、发展改革委、国资委、市场监管局、各城市供水企业及有关单位:

为规范城市公共供水企业信息公开工作,保障市民、法人和其他组织依法获取与自身利益密切相关的信息,根据《住房和城乡建设部关于印发〈供水、供气、供热等公共企事业单位信息公开实施办法〉的通知》(建城规〔2021〕4号)和《重庆市人民政府办公厅关于印发贯彻落实国务院办公厅2022年政务公开工作要点任务分工的通知》(渝府办发〔2022〕59号)规定,结合重庆市城市供水行业特点,制定了《重庆市城市公共供水企业信息公开实施细则》并经市城市管理局2022年第18次局长办公会议审议通过,现印发给你们,请认真贯彻执行。

重庆市城市管理局　　　　　　重庆市发展和改革委员会

重庆市国有资产监督管理委员会　重庆市市场监督管理局

　　　　　　　　　　　　　　　　2022年12月29日

(此件公开发布)

---

*重庆市城市管理局文件(渝城管局发〔2022〕17号)。

# 重庆市城市公共供水企业信息
# 公开实施细则

第一条 为规范城市公共供水企业信息公开工作,保障市民、法人和其他组织依法获取与自身利益密切相关的信息,根据《中华人民共和国政府信息公开条例》《公共企事业单位信息公开规定制定办法》《住房和城乡建设部供水、供气、供热等公共企事业单位信息公开实施办法》,结合重庆市城市供水行业特点,制定本细则。

第二条 本办法所称信息,是指城市公共供水企业在提供社会公共服务过程中制作、获取的,以一定形式记录、保存的信息。

第三条 城市管理部门负责全市城市公共供水企业信息公开的监督管理工作。

区县(自治县)城市供水行业主管部门负责本行政区域内城市公共供水企业信息公开监督管理工作。

第四条 城市公共供水企业是信息公开的责任主体,负责本单位具体的信息公开工作。区县(自治县)城市供水行业主管部门每年公布信息公开主体。

第五条 信息公开工作,应当坚持公开为常态、不公开为例外,遵循真实、准确、及时、公正、公平、合法和便民的原则。

除涉及国家秘密以及依法受到保护的商业秘密、个人隐私等事项外,凡在提供城市公共供水服务过程中与群众利益密切相关的信息,均应当

予以公开。

第六条 信息公开依照国家有关规定需要批准的,未经批准不得发布。

城市公共供水企业公开的信息不得危及国家安全、公共安全、经济安全和社会稳定。

城市公共供水企业属于上市公司的,其公开的信息还应当遵守上市公司信息披露、企业信息公示等相关规定。

第七条 城市公共供水企业公开信息,应当以清单方式细化并明确列出信息内容及时限要求,并根据实际情况动态调整。在确定公开信息时,重点包含下列内容:

(一)与群众生产生活密切相关的用水办事服务信息;

(二)对营商环境影响较大的信息;

(三)直接关系服务对象切身利益的信息;

(四)事关生产安全和消费者人身财产安全的信息;

(五)社会舆论关注度高、反映问题较多的信息;

(六)其他应当公开的重要信息。

公开内容原则上以长期公开为主,如果涉及公示等阶段性公开内容,应当予以区分并作出专门规定。

第八条 本市城市公共供水企业应依照本细则第七条的规定,在各自职责范围内确定主动公开的信息目录、信息公开指南和信息公开具体内容,并重点公开下列信息:

(一)基本信息

反映供水企业的基本情况，如企业单位性质、规模、经营范围、注册资本、办公地址、营业场所、联系方式、相关服务等信息，企业单位领导姓名，企业单位组织机构设置及职能等。

(二)服务信息

1.供水销售价格，维修及相关服务价格标准，有关收费依据。

2.供水申请报装工作程序；

3.供水服务范围、供水缴费、维修及相关服务办理程序、时限、网点设置、服务标准、服务承诺和便民措施；

4.计划类施工停水及恢复供水信息、抄表计划信息；

5.供水厂出厂水和管网水水质信息；

6.供水设施安全使用常识和安全提示；

7.咨询服务电话、报修和监督投诉电话。

第九条　城市公共供水企业信息公开的方式，以主动公开为主，原则上不采取依申请公开的方式。

第十条　城市公共供水企业应当建立健全信息公开审查机制，明确审查程序和责任，依照《中华人民共和国保守国家秘密法》以及其他法律、法规和国家有关规定对拟公开的信息进行审查。

城市公共供水企业不得公开涉及国家秘密、依法受到保护的商业秘密、个人隐私及有可能影响公共安全和利益的信息。涉及商业秘密、个人隐私的信息，经权利人同意公开的，可以予以公开。

第十一条　城市公共供水企业应当通过以下三种方式公开服务信息，便于公众知晓。

(一)各城市公共供水企业的网站或微信公众号；

(二)办公、服务场所或办事窗口的公开栏、公告牌、电子显示屏、触摸屏以及咨询服务台、监督台；

(三)对外公开的咨询服务电话、监督举报电话；

第十二条　发生停水等紧急情况时，应当将有关信息及时在用户所在地传统媒介和新媒体平台公开。

第十三条　城市公共供水企业应当设置信息公开咨询窗口，建立健全相应工作机制，加强沟通协调，限时回应服务对象以及社会公众关切的问题，优化咨询服务，满足服务对象以及社会公众的信息需求。

信息公开咨询窗口应以热线电话、网站互动交流平台、现场咨询等为主，注重与客户服务热线、移动客户端等融合。

第十四条　属于主动公开范围的信息，各区县(自治县)城市供水主管部门应当督促城市公共供水企业以清单方式明确列出公开内容及时限要求，原则上自信息形成或者变更之日起20个工作日内予以公开，并根据实际情况动态调整。紧急信息应当即时公开，法律、法规和有关规定对信息公开的期限另有规定的，从其规定。

第十五条　各区县(自治县)城市供水主管部门对辖区城市公共供水企业信息公开进行量化评价，形成年度评价报告并于次年4月底前报送至市城市管理部门，市城市管理部门汇总完成后将结果反馈给城市公共供水企业的主管部门，作为城市公共供水企业考核的参考依据。

　　第十六条　公民、法人或者其他组织认为城市供水企业不依法履行信息公开义务的，可以向辖区城市供水主管部门申诉，辖区城市供水主管部门收到申诉后应当于10个工作日内，依法予以调查处理。市城市管理部门每半年对各区信息公开申诉处理情况进行收集，并发布年度申诉处理情况通报。

　　第十七条　城市公共供水企业违反本细则的规定，未建立健全信息公开有关制度、机制的，由辖区城市供水主管部门责令改正；情节严重的，对负有责任的领导人员和直接责任人员依法给予处分。

　　第十八条　城市公共供水企业违反本细则的规定，有下列情形之一的，由辖区城市供水主管部门责令限期整改。情节严重的，对负有责任的领导人员和直接责任人员依法给予处分，涉嫌犯罪的，及时将案件移交司法机关，依法追究刑事责任。

　　（一）不依法履行信息公开义务的；

　　（二）不及时更新信息公开内容的；

　　（三）违反规定收取费用的；

　　（四）违反法律、法规等不当公开信息的；

　　（五）违反本细则规定的其他行为。

　　第十九条　本细则自2023年2月1日起施行。

重庆市城市管理局办公室<br>2022年12月29日印发

# 关于印发重庆市进一步深化供水接入改革优化营商环境实施方案(试行)的通知[*]

各区县(自治县)城市管理局、公安局、规划自然资源局、住房城乡建委、交通局,两江新区、西部科学城重庆高新区、万盛经开区城市管理、公安、规划自然资源、住房城乡建设、交通部门,各城市供水企业,有关单位:

  为进一步深化重庆市供水接入改革的营商环境,根据《重庆市优化营商环境条例》、《重庆市城市供水节水条例》、《重庆市人民政府办公厅关于印发重庆市2021年深化"放管服"改革优化营商环境实施方案的通知》(渝府办发〔2021〕48号)和《重庆市人民政府办公厅关于印发重庆市清理规范城镇供水管道供气行业收费促进行业高质量发展实施方案的通知》(渝府办发〔2021〕95号)等要求,结合本市城市供水接入实际,现将制定的《重庆市进一步深化供水接入改革优化营商环境实施方案(试行)》印发给你们,请认真贯彻执行。

  (此件公开发布)

---

[*]重庆市城市管理局、重庆市公安局、重庆市规划和自然资源局、重庆市住房和城乡建设委员会、重庆市交通局文件(渝城管局发〔2023〕8号)。

# 重庆市进一步深化供水接入改革优化营商环境实施方案(试行)

为进一步深化重庆市供水接入改革的营商环境,根据《重庆市优化营商环境条例》《重庆市城市供水节水条例》等法规规定,按照《重庆市人民政府办公厅关于印发重庆市2021年深化"放管服"改革优化营商环境实施方案的通知》(渝府办发〔2021〕48号)和《重庆市人民政府办公厅关于印发重庆市清理规范城镇供水管道供气行业收费促进行业高质量发展实施方案的通知》(渝府办发〔2021〕95号)等部署要求,结合实际制定本实施方案。

## 一、指导思想

深入贯彻落实《优化营商环境条例》(国令第722号),按照国际可比、对标世行、中国特色的原则,扎实推进重庆市城市供水接入改革工作,聚焦提高用户便利度、获得感、满意度目标,进一步压缩时限、优化环节、简化审批、协调联动、加强保障、落实责任,切实提升城市供水接入效率和服务水平,为我市营造国际化、法治化、便利化的营商环境提供有力支撑。

## 二、适用范围

本方案适用于全市范围内城市供水接入口径为DN200及以下的项目。

## 三、工作目标

(一)供水接入环节。供水接入环节压缩为2个,即"受理踏勘审核"、

"接入通水"环节。

(二)供水接入时限。

1.无需建设外线管道的用户接入时间不超过4个工作日,包括"受理踏勘审核"2个工作日、"接入通水"2个工作日。

2.需要建设外线管道的用户接入时间不超过8个工作日,包括"受理踏勘审核"2个工作日、"接入通水"6个工作日。

(三)供水接入申报材料。申请供水接入需提交材料精简为2项:权属证明、营业执照。

(四)供水接入费用。在城镇规划建设用地范围内,2021年3月1日前取得国有土地使用权的项目,其供水接入工程费用按原有政策规定执行。2021年3月1日后取得国有土地使用权的项目,供水主管道至建筑红线间的供水接入工程费用不由用户承担。供水接入工程的管廊管沟由政府投资建设,管道由供水企业投资铺设。

**四、办理流程**

(一)受理踏勘审核环节。

在"渝快办"政务服务统一平台开通水电气讯联合报装系统的在线受理通道,实现线上报装、一次不跑。各区县政务服务大厅开通水电气讯综合办理窗口,提供线上线下融合服务。用户提交申请后,供水企业在2个工作日内完成受理踏勘审核,并答复供水方案。(责任单位:市水务集团、市水投集团,各区县供水企业;时限:2个工作日)

(二)接入通水环节。

1.无需建设外线管道。行政审批方面,无审批事项。管道铺设方面,供水企业在2个工作日内完成接入通水。(责任单位:市水务集团、市水投集团、各区县供水企业;时限:2个工作日)

2.需要建设外线管道。行政审批方面,通过明确3项免于审批和2项告知承诺,进一步提高行政审批效率,即免于办理建设工程(临时)规划许可证核发;免于办理市政设施建设类审批,但应及时告知主管部门开挖信息;免于办理工程建设涉及绿地、树木审批(不含永久占绿、迁移古树名木及古树后备资源、砍伐树木)。涉及跨越、穿越公路及在公路用地范围内架设、埋设管线、电缆等设施,或者利用公路桥梁、公路隧道、涵洞铺设电缆(不破坏公路结构、不影响设施安全)等设施许可采取告知承诺方式;涉路施工交通安全审查采取告知承诺方式。(责任单位:规划自然资源部门、城市管理部门、交通部门、公安交通管理部门)

管廊管沟建设方面,主动靠前服务,加快建设进度,工期不超过4个工作日。建立分段验收、动态交付机制,及时将验收合格的管廊管沟交付给供水企业。各土地整治实施单位根据本地区实际情况,可以委托相关供水企业从事管廊管沟建设,实行先委托后付费的模式,具体费用以审计结果为准。(责任单位:各区县政府;时限:4个工作日)

管道铺设方面,主动靠前服务,供水企业要加强与管廊管沟建设单位的协调合作,用好管廊管沟分段交付的作业面,加快管道铺设进度,工期不超过4个工作日。供水接入工程的总工期不超过6个工作日。(责任单位:市水务集团、市水投集团、各区县供水企业;时限:4个工作日)

3.特殊规定。供水接入如涉及铁路、河流、高速公路、输油管、输变电网、轨道交通、国防光缆等特殊情况时,应当按照相关规定进行审批,其时间不计入总时长。

### 五、保障措施

(一)加强组织领导。市级各相关部门要严格落实主体责任,细化完善相关配套措施,精简压缩相关审批流程,及时更新办事指南。各区县相关部门要严格落实市级工作安排,统筹推进辖区内相关工作。各供水企业要做好靠前服务,主动开展工作,对实施告知承诺的项目,要切实履行主体责任,严格按照承诺事项完善各项工作,确保用户按时获得用水。

(二)完善相关配套政策。各相关部门单位应当按照本实施办法的总体要求和时间安排,针对优化调整后的工作流程和工作环节,及时制定出台相应的配套政策和操作细则,进一步明确审批的管理流程、办结时限、前置条件,及时更新相应的办事指南,编制告知承诺规范格式。各区县政府要进一步优化涉及管线开挖的相关行政许可,进一步压缩供水接入办理时间。

(三)强化信用监管。从重前置审批转向更加注重事中事后监管,推动建立覆盖用户、供水企业等各类主体和工程建设、施工、监理、审批等环节的行业信用体系,发现承诺不兑现或者弄虚作假行为的,依法依规纳入信用管理。

(四)强化宣传引导。要将加强营商环境宣传摆在工作重点位置,提升重庆优化营商环境供水接入的知晓度和影响力。各区县相关部门和单

位要在门户网站、新媒体平台等开设"优化营商环境"专栏,持续开展常态化营商环境宣传活动。及时宣传报道重庆优化营商环境的实践和成效,加大对典型案例和先进事迹的宣传力度。组织开展政策进园区、进楼宇的宣传解读工作,通过微视频、专题片等方式,加强政策宣传培训。

## 六、施行日期

(一)本实施方案自公布之日起30日后试行。

(二)本方案实施后,《重庆市深化供水接入改革优化营商环境实施办法(试行)》(渝城管局发〔2019〕9号)同时废止。

### 重庆市城市供水办理接入工作流程图

1. 无需建设外线管道项目流程图

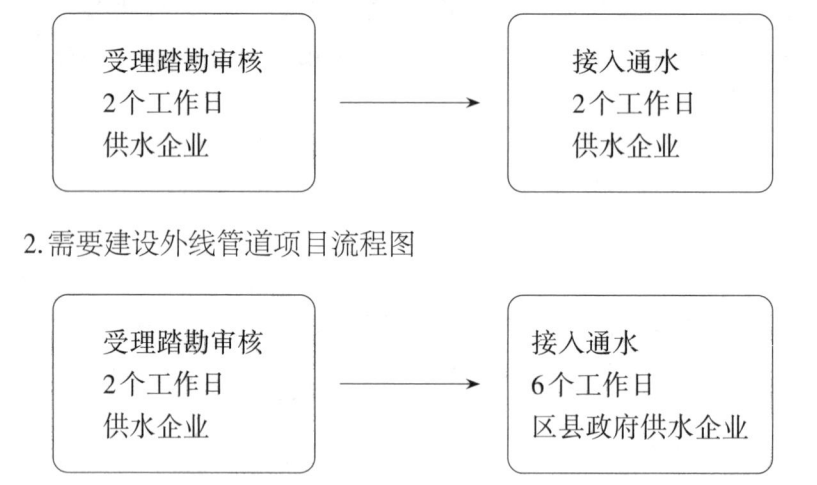

| 受理踏勘审核 2个工作日 供水企业 | → | 接入通水 2个工作日 供水企业 |

2. 需要建设外线管道项目流程图

| 受理踏勘审核 2个工作日 供水企业 | → | 接入通水 6个工作日 区县政府供水企业 |

重庆市城市管理局办公室

2023年10月27日印发